무극도 수면 명상법

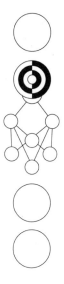

무극도 수면 명상법

無極圖

최상용 지음

도교 내단 이론을 함축한 도형과
잠자리에서 행할 수 있는 수행법

와이겔리

차례

제1장

내단수련론을

함축하고

있는

무극도無極圖

도교 내단사의 흐름으로 볼 때, 위·진시대 현학玄學과 낭시대 중현학重玄學의 발현은 유·불의 논리를 빌려 노장사상을 재해석하려는 데서부터 출발합니다. 이러한 학풍은 도교 수련 방법의 전환을 가져왔습니다. 장생불사와 신선을 목표로 한 다양한 수련 방법 중 각종 폐해를 양산했던 금단金丹 위주의 외단법外丹法은 수·당대로 접어들면서 심신心身을 위주로 한 내단內丹[1]으로 전환됩니다. 이러한 수련

──────────

1) 도교의 내단술은 외단술과 대비되는 개념으로 그 성립 배경 시기에 대해서는 몇 가지 설이 있습니다. 먼저 춘추설春秋說은 『장자』에 나오는 '토고납신吐故納新'을 예로 듭니다. 물론 의학서적인 『황제내경』에도 인체를 이용한 수련법들이 보이고 있습니다. 둘째로 양한설兩漢說은 2세기경에 저술된 위백양의 『주역참동계』를 내세웁니다. 송대 이후의 내단가들은 이 책을 내단경전으로 받들며 내단의 이론 및 방법이 계통적으로 확립된 것으로 인식하였습니다. 그리고 또 다른 주장은 수나라 소원랑(수·당시대의 도사)의 수련에 관한 내용을 기록한 『나부산지』에 최초로 '내단內丹'이라는 용어가 등장함을 그 근거로 하고 있습니다.

방법의 전환은 곧 내단수련론의 기초를 확립한 종려학파鍾呂學派의 등장을 초래하였고, 도교 수련적 방법론에 있어서도 일대 혁신을 일으켰습니다.

여기에 유·불·도 삼교 융합을 적극적으로 시도한 결과 내단수련론에서뿐만 아니라 기존 삼교의 사상기반을 초월하며 그 방법론을 제시한 희이希夷 진단陳摶(A.D. ?-989)의 학문적 성과 역시 내단학의 이론적 완성에 매우 중요한 역할을 했습니다. 특히 그의 삼교 융합적 내단사상은 폭넓은 시각에서 기존의 사상을 뛰어넘으며 일구어낸 것으로서 「무극도無極圖」에 압축되어 있다고 평가받고 있습니다. 따라서 필자는 그의 사상이 함축된 「무극도」의 재해석을 통해 그의 역학易學사상 및 삼교 융합적 내단사상을 탐구하고자 합니다.

도교 내단학을 학문적으로 연구하거나 수련가적 입장에서 접근하고 있는 사람이라면 「무극도」라는 간결한 그림을 도교 관련 문헌 등에서 빈번히 접할 수 있었을 겁니다. 그러나 단순한 도형과 함께 '득규得竅(현빈지문玄牝之門)·연기煉己(연정화기煉精化氣와 연기화신煉氣化神)·화합和合(오기조원五氣朝元)·채약採藥(취감전리取坎塡離)·탈태脫胎(연신환허煉神還虛·복귀무극復歸無極)'라는 용어만이 병기된 채 아무런 해설이 없는 「무극도」는 그 도형과 단계적 용어가 갖는 의미에 대해 의문을 품게 합니다. 필자 역시 '축기築基·연정화기煉精化氣·연기화신煉氣化神·연신환허煉神還虛'라는 용어로 정형화된 수련 논리에 익숙해져 있었기 때문에 「무극도」를 대할 때마다 이를 제작한 진단의 의도가 무엇인지 많은 의문을 품게 되었습니다.

또한 진단에 앞서 도교 내단학의 기초를 확립한 종리권鍾離權·여동빈呂洞賓으로 대표되는 종려학파鍾呂學派가 수련단계를 '축기築基·연형성기煉形成氣·연기성신煉氣成神·연신합도煉神合道'로 규정한 이래 후대 여러 내단학파들은 거의 공통으로 동일한 의미를 함축한 '축기·연정화기·연기화신·연신환허'라는 4단계설을 따르고 있지만, 진단만큼은 이러한 체계를 그대로 따르지 않았습니다.

따라서 필자는 진단의 「무극도」와 관련해 그 주요한 의문점으로 ① 도교 사상가 중 진단만이 4단계설에 '현빈지문, 오기조원, 취감전리, 복귀무극'을 첨가하여 5단계설을 취한 의도는 무엇이며, ② 이러한 「무극도」의 단계별 그림은 구체적으로 어떠한 의미를 지니고 있으며, ③ 이러한 도형의 근거와 유래 혹은 창작 여부, ④ 「무극도」와 그 외형적 도형이 같은 「태극도」는 이를 해설한 『태극도설太極圖說』이 있어 학문적으로 많은 논의가 이루어지고 있는 반면 「무극도」는 이를 뒷받침할 만한 해설도 없고 단지 그림만이 전해져 오는 이유가 무엇인지 등을 지적하지 않을 수 없었습니다.

필자는 이러한 궁금증을 풀기 위하여 그동안 「태극도와 무극도에 관한 비교연구」와 「진단의 생애와 삼교 융합적 해석을 통한 내단화 과정의 연구」 그리고 「진단의 역학사상과 무극도 연구」와 「희이 진단의 수공법睡功法」과 같은 연구논문을 발표한 바 있습니다. 이와 같은 선행연구논문은 본 저작의 목적이기도 한 ① 도교 내단수련가로서 진단은 어느 정도의 수련적 성취를 거두었으며, ② 내단 이론 및 실천적 수련 방법으로는 어떠한 방법론을 구축하였는지, 그리고 ③ 「무극도」가 도교 내단사에서 어떠한 위치를 점유하고 있으며, 또한 ④ 「무극도」가 어떠한 사상기반에서 제작되었는지, 여기에 ⑤ 다섯 층차로 이루어진 각 단계가 갖는 수련적 의미는 무엇인지에 대한 많은 의문을 해소하는 데 도움이 되었습니다.

필자는 그의 생애와 사상적 연원, 그리고 학문적 결과들을 탐구하면서, 진단이 그의 학문적 성과에 비해 역대 학자들로부터 지나치게 과소평가되거나 무시되어 왔다는 인상을 지울 수 없었습니다. 또한, 진단이 복희씨의 역도易道를 회복하기 위해 기존의 역학관이었던 상수역학象數易學과 의리역학義理易學을 융합하여 새로운 관점의 '도서학파圖書學派'를 창안하게 된 것이나, 그의 저작들이 유·불·도 삼교의 융합적 경향을 보이면서도 일관되게 도교 내단학의 논지를 강조하고 있는 것은 그의 사상을 종합적으로 함축한 「무극도」 제작을 위한 것이지 않았을까 하는 인식과 추론도 하게 되었습니다.

그동안 진단에 관한 폭넓은 연구가 부족했던 것은 아마도 그에 관한 사적史籍이 방대하면서 복잡하고 기록에 따라 그 내용이 다르기 때문인 것으로 추정됩니다. 또한, 그의 주요 저작인『지현편指玄篇』『삼봉우언三峰寓言』,『고양집高陽集』,『조담집釣潭集』등이 온전히 전해오지 않고 후대 사람들의 저작에 산견散見되고 있을 뿐입니다.

진단은 동양학의 바탕이 되어온『역경易經』의 해석 문제에서도 주공周公이나 공자孔子의 권위를 부정하며 '오직 수련에 바탕을 둔 심법心法으로써 복희씨의 제작 의도를 파악할 것'을 강조했는데, 진단의 이러한 사상은 이후 수구적인 유학자들의 거친 공격을 받아 학문적으로 곤경에 처하는 결과를 낳았고 후대 사람들이 그에 대한 전반적인 연구를 하기 어렵게 만드는 원인으로 작용했습니다.

여기에 더해 우주 만물의 최초 근원인 무극으로의 복귀를 목표로 하는 내단수련에 있어서 그 단계별 충차를 제시하고 있는 「무극도」의 경우, 도교 내단수련가들의 비밀전수 특성이 지켜져서인지 관련 자료가 그리 풍부하지 않습니다. 특히 다섯 단계로 충차를 두어 수련의 경지를 높여가는 방법론에 대한 자료는 더욱 그렇습니다. 황종염黃宗炎(1616~1686) 등 몇몇 학자를 제외하고는 그 방법론에 대해서는 언급하지 않고 단편적인 내용만을 촌평하고 있을 뿐입니다.

이러한 상황은 현대에도 지속하여 「무극도」에 관한 구체적인 저술 및 연구논문 역시 「태극도」에 비해 현저하게 미미한 수준입니다. 여기에 중국의 현대 학자 이신李伸은 『역용고易용考』에서 「무극도」는 진단의 저술이 아니라 후대의 내단수련자들이 「태극도」를 응용하여 만들어 냈다고 주장하기도 합니다.

이러한 여건을 감안할 때, 진단의 내단사상과 「무극도」에 대한 정밀한 연구 및 그 논거를 입증하기란 쉽지 않습니다. 더구나 국내 학계에서도 진단의 생애와 사상을 전체적으로 다룬 연구 논문이나 저작은 아직 없는 실정입니다.

제1절

———

무극도를
제작한
진단의 생애

진단의 생애에 관한 기록은 『송사宋史』 권457에 수록된 「은일전隱逸傳」과 원대 조도일이 저술한 『역세진선체도통감歷世眞仙體道通鑑』 권47에 수록된 「진단전陳摶傳」, 그리고 원대 장로가 저작한 『태화희이지太華希夷志』 상하권에 비교적 상세하게 전해 내려오고 있습니다. 본 연구에서는 정사인 『송사·은일전』 중의 「진단편」을 바탕으로 하고 나머지 두 저작을 참고하여 진단의 생애를 살펴보았습니다.

진단의 자는 도남圖南, 호주 진원 사람이다. 4, 5세 때 와수渦水라는 강변에서 놀고는 하였는데, 어떤 청의靑衣[2]를 입은 여자가 젖을 먹여주자 이때부터 총명함이 날로 더해졌다. 성장해서는 경사經史 및 제자백가의 책들을 읽고서 한 번 보면 암송하여 하나도 잊어버리지 않았으며, 시詩로써도 명성이 높았다.

진단의 출생지와 성장기에 관해서는 『송사』를 비롯한 『역세진선체도통감』과 『태화희이지』의 기록도 대동소이합니다. 『역세진선체도통감』에서는 보다 구체적으로 "15세 때에는 시詩·예禮·서書·수數에서 방약方藥에 이르는 책까지 궁구하여 통하지 않음이 없었다."고 초년기 진단의 학문적 경향을 적고 있습니다. 이러한 기록을 토대로 할 때 진단은 처음부터 도교적 성향의 인물은 아니었으며, 그는 당시 사회진출의 교두보였던 과거시험을 통해 입신양명을 꿈꾼 유생이었다고 볼 수 있습니다. 이에 대해 『송사』에 밝혀져 있습니다.

후당 장흥長興 연간 진사시험에 응시했으나 급제하지 못하자 마침내 벼슬길에 나가는 것을 그만두고 산수山水를 낙으로 삼았다.

당말 이후 오대(A.D. 907~960년)는 불과 반세기 만에 다섯 왕조가 뒤바뀐 정치·사회적으로 매우 혼란한 시기였습니다. 특히 진단이 진사시험에 응시한 장흥(A.D. 930~933) 연간은 그 혼란이 더욱 심했습니다. 따라서 많은 유생들이 청운의 꿈을 접고 산수를 낙으로 삼는 경우가 적지 않았답니다.

---

2) 중국 민간전설의 신으로 후에는 도교에서 신봉하게 되었습니다. 특히 사천지방에서는 잠업을 보호하고 풍년이 들게 하는 '잠신'으로 숭배하였는데, 처음에는 촉의 제후들로부터 시작해서 후에는 촉의 왕이 청의를 입고서 향촌을 순행하면서 백성들의 잠업을 독려하였다고 합니다. 민간에서는 '청의신靑衣神'으로 칭하기도 하는데, 아마도 이러한 신비적 요소를 진단의 성장 배경에 도입한 것 같습니다.

이미 시詩로써도 명성을 얻은 진단은 당 사대부들에게 흠모를 받았지만 이들과 어울리지 않은 채 산수만을 벗 삼았습니다. 그러던 중에 "후당의 명종(A.D. 925~933)은 진단의 명성을 듣고서 청허처사淸虛處士라는 호와 함께 궁녀 세 사람을 내리(사賜)기도 하지만 사양하고 은거해 버렸다"고 전하고 있습니다. 아마도 이 무렵 '오대·송초 시기에 북방 일대에서 활약한 고도高道'로 추정되는 손군방孫君倣과 장피처사獐皮處士 두 사람을 만난 것이 은거의 동인이 되었습니다.

스스로 말하길 일찍이 손군방·장피처사라는 아주 고상한 두 사람을 만났는데, 자신에게 "무당산 구실암이 은거할 만하다"고 권유하여 가서 머물렀다. 복기服氣와 벽곡辟穀수련으로 20여 년을 지내면서도 하루에 술 서너 잔만을 마셨다고 한다.

진단은 무당산에서 20여 년간 은거하며 도교 전통의 수련법인 복기服氣[3]와 벽곡辟穀[4] 이외에도 수면공睡眠功의 일종인 쇄비술鎖鼻術을 체득하게 됩니다. 그는 무당산 한 곳에만 머물지 않고 옛 촉나라

---

3) 도교 내련방술로써 원래는 중국 고대의 호흡을 통한 양생 방법이었습니다. 후에 도교에서 계승 발전 시켜 호흡을 통해 '일월정화'를 복식함으로써 신선을 이루는 방법 중의 하나가 되었습니다. 달리 식기食氣, 행기行氣, 함기含氣, 연기煉氣라고도 일컬어지고 있죠. 이에 대해서는 노장의 경전에도 언급되어 있는데, 노자의 '전기치유專氣致柔'나 장자의 '토고납신吐故納新'이 이에 해당한다고 볼 수 있습니다. 일반적으로는 호흡수련으로 인식되고 있지만 송대 이전까지는 그 함의가 확대되고 발전되어 널리 유행하였답니다.

인 사천성의 공주邛州(지금의 사천성 공협邛峽)에 위치한 천경관天慶觀을 오가며 이 도관道觀의 도위의都威儀 하창일何昌一[5]로부터 수공법을 전수받게 되는데, 여기서 저명한 도교 사상가인 담초譚峭[6]를 만나 교분을 쌓게 되는 계기를 마련합니다.

> 화산 운대관으로 은거지를 옮겨 소화少華 석실에 머물렀다. 매번 잠자리에 들면 수백여 일 동안 일어나지 않았다.

진단이 오악 중의 하나인 화산華山으로 은거지를 옮겼을 당시 운대관雲臺觀은 폐허지나 다름없었습니다. 『송사』에는 이러한 정황이 기록되어 있지 않지만 『태화희이지』에는 "운대관 옛터의 가시나무와 잡목 숲을 걷어내고 그곳에서 거처하였다"고 적고 있습니다. 또한 그는 인근의 석실에 머물면서 수공睡功을 통해 진선眞仙을 향한 수련에 전념하였습니다. 그가 실천적 수련법으로 삼은 수공에 관한 구체적인 내용은 제4장 '진단陳摶의 수공법睡功法'에서 알아보겠습니다.

---

4) 도교 전통수련 용어로 단곡斷穀, 절곡絕穀, 휴량休粮이라고도 하며 오곡, 즉 어떠한 것도 먹지 않고서 운기조식運氣調息하는 방법을 말합니다. 이러한 데에는 도교에서 인식하고 있는 삼시충三尸蟲과도 관련이 깊습니다.

5) 하창일의 생몰시기 및 그에 관한 자세한 기록에 대해서 아직은 찾아볼 길이 없습니다. 다만 북송의 진사 문여가의 『서공주천경관희이선생시후』에 진단과 담초가 천경관 도위의 하창일을 스승으로 삼고 수공법睡功法을 배운 사실을 기록한 것으로 보아 허위의 인물은 아닌 것 같습니다.

6) 오대시의 도교 사상가로 자는 경승, 어려서부터 황로학에 심취하였으며 진단과 함께 하창일에게 도교 전통의 수련법을 배웠습니다. 저서로 『화서化書』 6권이 있습니다.

후주後周의 세종은 황백술黃白術[7]을 선호하였는데, 진단의 명성을 듣고서 현덕 3년(A.D. 956년) 화주華州의 관리에게 왕명을 내려 그를 궁궐에 이르게 하였다. 한 달여 동안 궁궐에 머물게 하며 조용히 그 술법에 대해 묻자, 진단은 "폐하께서는 사해의 주인으로서 마땅히 정치에나 전념해야지 어찌 황백술에 뜻을 두고 계십니까?"라고 대답하였다. 세종은 문책하지 않고 간의대부[8]로 삼으려 했으나 고사하고 받아들이지 않았다. 세종은 그에게 별다른 술법이 없음을 알고서 머물던 곳으로 돌아가게 하고 화주의 관리에게 조서를 내려 세시에 문안을 여쭙게 하였다. 현덕 5년(A.D. 958년)에는 성주자사 주헌이 부임 인사차 들르자 세종은 비단 50필과 차 30근을 진단에게 하사하며 가져다주게 하였다.

후주의 세종(A.D. 955~959년)은 진단에게 백운선생白雲先生이라는 호를 내렸습니다. 세종은 진단이 별다른 술법도 없고 다른 마음을 품고 있지 않다고 여겼으나 그는 늘 세상을 바로잡으려는 의지와 함께 뚜렷한 수련적 목표를 안고 있었습니다. 그는 "매번 왕조가 뒤

---

7) 중국 고대 방사나 도사들이 금은金銀을 제련하여 불사약의 일종인 금단金丹을 만들려는 외단술의 대표적인 소술小術이라 할 수 있습니다. 이러한 외단술은 북송 이전까지 고급 관료나 왕들을 주 수요자로 성행하였는데, 중금속 중독 등과 같은 심각한 사태를 초래하기도 하였습니다. 그러나 다른 한편으로 야금술과 제련술의 발달을 가져온 측면도 무시할 수 없습니다.

8) 황제에게 간하고 정치의 득실을 논하던 관원으로 진나라 때 간대부라 부르던 것을 후한 시대부터는 간의대부로 개칭하였는데, 황제의 고문과 응대 등을 맡은 원로를 말합니다.

바뀌는 혁명의 소식을 들을 때마다 수일 동안 얼굴을 찡그리고 있어 사람들이 그 이유를 묻고는 하였는데, 눈을 부릅뜰 뿐 대꾸하지 않았습니다. 진단은 거울을 들고서 자신을 비춰보며 '진선眞仙이 아니면 황제皇帝가 되리라'고 자임"하였습니다. 즉 사회개혁을 위해서는 황제의 꿈을 그리고 자신의 완성을 위해서는 진선이 되겠다는 웅지를 품고 있었습니다.

한번은 장안長安에서 후에 송 태조(A.D. 960~976)가 될 조광윤趙匡胤을 만나 그가 범상치 않은 인물임을 간파한 채 술잔을 기울이기도 했다는 일화 등이 『태화희이지』에 기록되어 있습니다. 진단은 "변주汴州(하남성)로 가던 중 노상에서 조광윤이 태조로 등극했다는 소식을 듣고 놀랍고 기뻐서 파안대소하였습니다. 그 까닭을 묻자 또 크게 웃으며 '이제부터 (천하가) 안정되겠구나' 하면서 '쿨쿨 40여 년간 잠에 빠져 있었더니 동방의 태양이 이미 밝았음을 깨닫지 못하였구나'라는 시를 남기고 곧바로 화산으로 들어가 은거하며 도사가 되었답니다. 송 태조가 여러 번 불렀지만 응하지 않았다."고 합니다.

태조가 붕어崩御(A.D. 976)하고 태종(A.D. 979~997)이 즉위하면서 조서詔書와 어시御詩를 통해 수차례에 걸쳐 진단을 조정으로 초빙하였지만, 그때마다 표表와 시詩로써 은거의 뜻을 올려 화산을 떠나지 않았답니다. 마침내 태종은 백관 중에서 언변이 뛰어난 내장고부사內藏庫副使인 갈수중葛守中을 사신으로 보내기에 이릅니다. 진단 또한 다시 부를 것을 염려하여 옥천관玉泉觀으로 은거지를 옮겨 좌정坐靜하고 있었지만 갈수중의 갖은 노력에 마지못해 응하며, 다른 산에 은거하고 있던 마의도자麻衣道者에게 심경을 토로하며 자문을 구하기도 했습니다.

　　태평흥국(A.D. 976~984) 중에 조정에 와 태종이 아주 후덕하게 맞이하였다. 9년(A.D. 984) 다시 조정에 왔는데, 황제는 더욱 예를 갖추어 재상 송기 등에게 일러 "진단은 오직 자기 한 몸의 수양에만 힘써 권세와 재물에는 간여하지 않는 소위 방외지사方外之士이다. 진단은 화산에서 이미 40여 년을 은거하고 있으니 그의 나이를 헤아리자면 백 살에 가깝다. 스스로 말하길 오대의 난리를 겪었지만, 다행히 천하가 태평해졌기 때문에 조정에 나왔다고 한다. 그와 더불어 말을 나누면 아주 경청할 만하다"고 했다. 진단에게 중사를 보내 중사中書에 이르게 한 송기 등은 조용한 어조로 묻기를 "선생께서는 현묵수양玄黙修養의 도道를 얻으셨는데 사람들에게 가르쳐 줄 수 있습니까?" 하였다. 진단은 "단搏은 요즘 같은 시절에는 쓸모가 없는 산야의 사람으로 또한 신선 황백술이나 토납양생의 이치는 알지도 못하거니와 전할 수 있는 방술도 없습니다. 가령 백일승천이 또한 세상에 무슨 도움이 되겠습니까? 지금 황제의 용안이 수려하고 이채로우면서 천인의 표상이 있으니, 고금에 널리 통달하고 깊게 궁구하여 난을 다스리면 진정 어질고 성스러운 주인 된 길이 있을 것입니다. 곧 군신이 협심하여 덕을 같이하고 정치를 잘 펼쳐나가신다면 근면히 수련을 행하더라도 이보다 나은 것은 없습니다."라고 대답하였다. 송기 등은 칭찬을 하고 그 말

을 황제에게 아뢰었다. 황제는 진단에게 더욱 예를 더하고 조칙을
내려 희이선생希夷先生이라는 호를 내리고 거듭해서 자의紫衣 한
벌을 하사하였다. 진단을 궁궐에 머물게 하는 동안 유사에게 그가
머물던 운대관을 수리케 하였다. 태종은 수차례에 걸쳐 진단과 더
불어 화기롭게 시부詩賦를 지으며 지내다 수개월 후에야 화산으로
돌아가게 하였다. [9]

진단은 태종에게 각별한 후대를 받으며 두 차례에 걸쳐 조정에 나
아갔습니다. 그때마다 태종은 물론 백관들이 정사에 관해 자문을 구
하기도 했습니다. 하루는 태종이 요순시대를 언급하며 그 가능 여부
에 대해 묻자 진단은 요순 당시의 소박함을 전제하며 "청정함으로 다
스릴 수만 있다면 지금이 요순시대다"라고 대답합니다. 또 태종이 간
절히 "제세안민濟世安民에 대한 술책을 구하자, 진단은 어쩔 수 없이
흰백지에 '원근경중遠近輕重'이라는 네 글자를 써줍니다. 태종이 그
뜻을 알아차리지 못하자 진단이 해석하여 말하길 '원遠이란 멀리서라
도 현명한 인사를 초대하는 것이며, 근近이란 가까이에 있는 간신을

---

9) 『宋史』: "太平興國中來朝, 太宗待之深厚. 九年復來朝, 上益加禮重, 謂宰相宋琪等
曰;"摶獨善其身, 不干勢利, 所謂方外之士也. 摶居華山已四十餘年, 度其年近百歲. 自
言經承五代離亂, 幸天下太平, 故來朝覲. 與之語, 甚可聽." 因遣中使送中書, 琪等從
容問曰;"先生得玄黙修養之道, 可以敎人乎?" 對曰;"摶山野之人, 於時無用, 亦不知神
仙黃白之事·吐納養生之理, 非有方術可傳. 假令白日沖天, 亦何益於世? 今聖上龍顏
秀異, 有天人之表, 博達古今, 深究治亂, 眞有道仁聖之主也. 正君臣協心同德·興化致
治之秋, 勤行修煉, 無出於此" 琪等稱善, 以其語白上. 上益重之, 下詔賜號希夷先生,
仍賜紫衣一襲, 留摶闕下. 令有司增葺所止雲臺觀. 上屢興之屬和詩賦, 數月放還山."

물리치는 것이고, 경輕이란 온 나라 백성에게 부역을 가볍게 하는 것이며, 중重이란 삼군에게 상을 무겁게 내리는 것'이라"고 설명해 주었습니다. 태종은 간의대부를 제의하는 등 갖은 방법을 동원하며 진단을 궁궐에 붙잡아 두려 하였으나 고사하고 화산으로 돌아갔습니다.

단공端拱 초(A.D. 988년), 갑자기 제자 가덕승賈德昇에게 "네가 장초곡에 암벽을 파 석실을 만드는 게 좋겠다. 나는 이제 쉬어야겠다."고 말하였다. 단공 2년(A.D. 989년) 음력 7월 가을에 석실이 완공되자, 진단은 손수 (태종에게 올리는) 수백언의 표表를 썼다. 그것을 요약하면 "신 진단은 기나긴 삶을 마치려 합니다. 이제 성조도 그리워하기 어렵게 되었습니다. 이달 22일 연화봉 아래 장초곡에서 화형化形할까 하옵니다." 기약한 바대로 죽었으나 7일이 지나도 온몸에 온기가 있었다. 오색구름이 석실 입구에 드리운 채 한 달여 동안 흩어지지 않았다. 10)

진단은 자신의 죽음을 예견하며 예정한 날에 역학 및 도교 사상가이자 진선을 꿈꾼 내단수련가로서의 긴 삶을 도교의 성지로 추앙받고 있는 화산 연화봉 아래, 제자 가덕승이 파놓은 장초곡 석실에서 마감했습니다.

---

10) 『宋史』: "端拱初, 忽謂弟子賈德昇曰;"汝可於張超谷鑿石爲室, 吾將憩焉" 二年秋七月, 石室成, 搏手書數百言爲表, 其略曰;"臣搏大數有終, 聖朝難戀, 已於今月二十二日化形於蓮花峯下張超谷中." 如期而卒, 經七日支體猶溫. 有五色雲蔽塞洞口, 彌月不散."

진단의 생몰연대에 관하여 일반적으로 『역세진선체도통감』과 『태화희이지』의 "향년 118세"라는 기록에 따라 그의 출생 시기를 871년으로 추측하기도 하는데, 이는 다소 무리가 따르는 것입니다. 그 근거로 진단이 과거시험을 본 시기가 후당 장흥(A.D. 930~933년) 연간이라면 진단의 나이 60세 전후로 과거를 통해 벼슬길에 나아가기에는 다소 늦은 감이 없지 않습니다. 북송의 태종(A.D. 976~997)이 진단을 조정으로 불러 극진한 예로써 대우하며 재상 송기 등에게 "진단은 화산에서 이미 40여 년을 머무르고 있으며 그의 나이를 헤아리자면 백세에 가깝다"[11]고 한 기록을 보아도 그렇습니다. 이는 태평흥국 9년(A.D. 984년)의 일로 진단이 화산 연화봉 아래 장초곡 석실에서 화형化形(사망)하기 5년 전의 일입니다. 따라서 진단의 출생연도는 다소 늦어질 수 있으며 그가 누린 세월은 100여 년을 다소 상회하는 것으로 추산하는 것이 오히려 전후 사정에 들어맞을 것으로 보입니다.

진단은 『역易』 읽기를 좋아해 손에서 책을 놓지 않았다. 항상 자신을 부요자扶搖子라 하였으며, 도인양생술과 환단술을 내용으로 한 『지현편指玄篇』 81장을 저술하였다. 재상 왕보 또한 81장을 저술하여 그 요지를 주석하였다. 진단은 또 『삼봉우언三峰寓言』 및

---

11) 『宋史』: "太平興國中來朝, 太宗待之深厚. 九年復來朝, 上益加禮重, 謂宰相宋琪等曰; "搏獨善其身, 不干勢利, 所謂方外之士也. 搏居華山已四十餘年, 度其年近百歲."

『고양집高陽集』,『조담집釣潭集』과 시 6백여 수를 지었다.[12]

　『역세진선체도통감』에서는 보다 구체적으로 "『지현편』 81장과 『입실환단시』 50수,『조담집』만여 자"라고 밝히고 있습니다. 또한 진단의 제자 증손무가 "수도 개봉에 소재한 응진원에서『입실환단시』를, 태화 이녕처사에게서는『삼봉우언』을, 적성의 장무몽에게서『지현편』을, 장중용진사에게서는『조담집』을 얻어 총 300여 편으로 선생(진단)의 전집을 편찬했다"[13]고 한 기록으로 보아 진단의 저작을 한데 묶은 전집류도 후대에 펴냈던 것으로 보입니다. 그러나 진단의 이러한 저서는 거의 유실遺失되어 찾아보기가 어렵고, 다만 후대 사람들의 저서에 인용되며 산견散見되고 있습니다. 따라서 온전하게 전해 내려 오는『관공편觀空篇』,『진희이태식결陳希夷胎息訣』,『음진군환단가결주陰眞君還丹歌訣注』,『역용도서易龍圖序』,『정역심법주正易心法注』등과 진단 관련 전기류에 단편적으로 인용된 내용을 통해 그의 사상을 살펴보아야 하는 어려움이 따르기도 합니다.

---

12)『宋史』: "搏好讀易, 手不釋券. 常自號扶搖子, 著指玄篇八十一章, 言導養及還丹之事. 宰相王溥亦著八十一章以箋其指. 搏又有三峯寓言及高陽集·釣潭集, 詩六百餘首."
13)『太華希夷志』: "得『入室還丹詩』於京師凝眞院. 得『三峰寓言』於太華李寧處士, 得『指玄篇』於赤城張無夢, 得『釣潭集』於張中庸進士, 共三百篇餘, 乃纂先生傳集."

제2장

「무극도無極圖」의

내단內丹사상

희이希夷 진단陳摶 자신의 내단사상을 종합적으로 함축한「무극
도無極圖」에서 활용한 '무극無極'이라는 단어적 의미는『도덕경』제28
장의 "다시 무극으로 돌아간다.(복귀어무극復歸於無極)"에서 연원 되고
있습니다. 그러나 이를 우주 본체로서의 철학적 범주로 고도화시킨 것
은 진단입니다. 그는 5단계 수련론을 전개하며 역수성선逆修成仙을 지
향하는 도교 내단학의 최종 목표를 '복귀무극復歸無極'으로 설정하며
그 기초를 확립하였습니다. 즉『관공편觀空篇』의 '완공頑空(지우至愚)−
성공性空(단견斷見)−법공法空(득도得道)−진공眞空(신선神仙)−불공不
空(진선眞仙)'과「무극도無極圖」의 '득규得竅(현빈지문玄牝之門)·연기煉
己(연정화기煉精化氣와 연기화신煉氣化神)·화합和合(오기조원五氣朝元)·
채약採藥(취감전리取坎塡離)·탈태脫胎(연신환허煉神還虛·복귀무극復歸
無極)'라는 다섯 단계는 진단이 설정한 역수성선逆修成仙을 위한 환원

론 관점의 내단수련 이론입니다. 이러한 역수성선의 내단 논리를 단순화하고 체계화시킨 것은 진단이 처음이라고 추론됩니다. 물론 진단에 앞서 종려학파가 있긴 하지만 핵심 인물인 종리권鍾離權의 실존 여부와 시견오施肩悟(당말·오대 사람으로 추정)에 의해 편집된『종려전도집鍾呂傳道集』의 진위성 여부가 아직 명확히 해명되지 않고 있기 때문이죠. 「무극도」 역시 진단의 친작여부에 관한 논란이 있긴 하지만, 「무극도」와 동일한 수련단계를 설정하고 있는『관공편』이라는 명확한 논리적 근거가 있기 때문에 문제 될 것 같지는 않습니다.

이러한 추론은 또한 진단의 수련 논리를 체용일원體用一源이라는 관점에서 볼 때, 보다 확실한 근거를 확보할 수 있습니다. 진단이 전개한 철학적 논리는 무극無極을 우주 본체인 체體로, 불공不空을 우주창조론적인 진공묘유眞空妙有로서의 기氣적 존재인 용用으로 상정하였다고 볼 수 있습니다. 따라서 체용體用적 관점을 중시하며 무극과 불공을 철학적 최고개념으로 설정하여 자신의 사상을 이해하는 '인식의 틀'로써 완성하였다는 점, 역시 충분한 논리적 근거로 삼을 수 있습니다.

또한 진단은『주역周易 계사전繫辭傳』에서 공자가 제시한 태극太極을 우주 본체로 인식해 온 유가·유교의 사상 논리를 초월하며, 태극을 무극에서 비롯된 선천일기先天一氣의 개념으로 확정하고 보다 근원적인 우주 본체로서의 '무극無極'을 주장하였습니다. 「무극도」는 이렇듯 기존 사상을 극복하고 보다 확실한 도교 내단 관점의 '역수성선逆修成仙'을 위한 방법론으로서 탄생하였다고 볼 수 있습니다.

제1절

——

외단外丹의
배격

　진단의 도교적 내단수련에 관한 문헌으로는『진희이태식결陳希
夷胎息訣』,『음진군환단가결주陰眞君還丹歌訣注』,『지현편指玄篇』이
있습니다. 앞의 두 종류는 온전하게 전해오고 있지만『지현편』81장
은 유염兪琰(A.D. 1258~1314)의『주역참동계발휘周易參同契發揮』와
『성명규지性命圭旨』에 산견散見되고 있어 전체적인 맥락을 파악하기
가 쉽지 않습니다. 그러나 진단의 도교 내단사상을 함축하고 있는 역
학에 바탕을 둔『정역심법주正易心法注』와 불교사상을 융합한『관공
편觀空篇』을 통해 그가 추구하고 있는 수행상의 요지는 어느 정도 추
측할 수 있습니다. 또한『옥전玉詮』귀집鬼集 5권에 진단의 내단사상
에 관한 내용이 기록되어 있어 그의 사상적 면모를 충분히 살펴볼 수
가 있습니다.
　「무극도」제작의 바탕이 되고 있는 진단 내단사상의 가장 두드러

진 특징은 거의 모든 저작에서 유·불·도 삼교적 사상과 용어들이 혼재하고 있다는 점입니다. 그러면서도 거의 모두가 도교 내단학을 설명하고 있습니다. 이는 유교와 불교적 사상을 빌어 내단사상을 보다 명확히 각인하려는 의도가 담겨 있기 때문이죠.

특히 진단은 도교 전통적으로 유전流傳되어온 다양한 수련법을 활용합니다. 다만 연금술과 같은 외단적인 수련법은 철저히 배격하면서 전통적으로 몸의 운용을 통해 행할 수 있는 각종의 내단적 수련법을 층차에 따라 다양하게 수용하고 있음을 그의 저작 곳곳에서 감지 할 수 있습니다. 간혹 외단적인 용어가 등장하기는 하지만, 이는 어디까지나 비유에 불과할 뿐 철두철미하게 내단적인 수련법을 고수하고 있습니다.

먼저 살펴볼 『진희이태식결陳希夷胎息訣』은 141자의 비교적 짧은 내용이지만 유·불·도 삼교적 사상이 용해되어 있습니다. 즉 대자연의 변화규율을 압축한 역학사상과 마음의 고요를 중시하는 선禪사상을 수용하여 상중하 삼단전을 통해 정精·기氣·신神 합일을 이루어 내단수련의 목표인 진선에 도달하는 경로를 밝히고 있습니다.

도道가 변화하여 어린아이로 태어나며, 어린아이는 자라서 늙게 되고, 늙어서는 병들게 되며, 병들면 죽게 되는데, 죽음은 변화하여 신神이 된다. 신은 변화하여 만물이 되고, 기氣는 변화하여 영靈을 낳고, 정精은 변화하여 형체를 이루는데, 신神·기氣·정精 세 가지의 변화를 단련하여 진선眞仙을 이룬다. 그러므로 말하기를 정을 보존하고 신을 기르고 기를 단련하는 이것이 곧 삼덕의 정신임을 알 수 있는 것이다. 자오묘유子午卯酉와 사시四時가 곧 음양이 출입하는 문호다. 마음이 안정되어 동요하지 않음을 일러 선禪이라 하고, 신으로서 온갖 변화에 통하는 것을 일러 영靈이라 하며, 슬기로서 만사에 통하는 것을 일러 혜慧라고 하고, 도원道元을 기氣에 합일하는 것을 일러 수修라 하며, 진기眞氣를 근원으로 돌아가게 하는 것을 일러 연練이라 하고, 용龍과 호虎가 서로 교류하는 것을 일러 단丹이라 하며, 상중하 삼단전을 합일하는 것을 일러 료了라 한다. 만일 수행하는 사람이 이것의 근원을 안다면, 곧 도道에 가까이 들어갈 수 있을 것이다.[14]

진단은 여기서 도道 → 소少 → 노老 → 병病 → 사死 → 신神이라는 우주생성론과 본체환원론의 관점에서 신神은 만물이 되고 기氣는 영靈이 되며 정精은 형形을 이룬다는 변화법칙을 제시합니다. 그러면서 내단사상의 핵심요소인 정精·기氣·신神 삼약三藥의 역향적逆向的 단련을 진선이 되는 요로要路로 규정하며, 「무극도」 중의 연정화기 → 연기화신 → 연신환허 → 복귀무극과 같은 맥락으로 말하고 있습

---

14) 『陳希夷胎息訣』: "夫道化少, 少化老, 老化病, 病化死, 死化神, 神化萬物, 氣化生靈, 精化成形, 神氣精三化, 練成眞仙. 故云: 存精, 養神, 練氣, 此乃三德之神, 不可不知. 子午卯酉四時, 乃是陰陽出入門戶也. 定心不動, 謂之日禪. 神通萬變, 謂之日靈. 智通萬事, 謂之日慧. 道元合氣, 謂之日修. 眞氣歸源, 謂之日練. 龍虎相交, 謂之日丹. 三丹同契, 謂之日了. 若修行之人知此根源, 乃可入道近矣."

니다. 이는 앞에서 살펴본 『관공편』의 더 이상 오를 수 없는 마지막 단계인 불공不空을 진선이라 한 데서도 알 수 있었듯이 진선이 곧 「무극도」의 다섯 번째 단계인 '연신환허·복귀무극'과 일맥상통함을 유추할 수 있습니다.

이러한 진선에 이르는 과정에 있어서 대자연계의 자오묘유子午卯酉, 즉 동서남북의 공간성과 춘하추동 사계절의 시간성을 음양이 들고나는 문호로 설정하고, 선禪·영靈·혜慧·수修·연練·단丹·료了를 통해 도道에 가까이 다가갈 수 있는 다양한 방법을 제시하고 있습니다. 이러한 내단화의 단계적 접근법은 도우道友인 담초의 『화서化書·도화道化』에도 아주 유사한 논법이 보입니다.

> 허虛가 신神으로 변화되고, 신이 기氣로 변화되며, 기가 혈血로 변화되고, 혈이 형形으로 변화되며, 형이 갓난아이로 변화되고, 갓난아이가 어린아이로 변화되며, 어린아이가 소년으로 변화되고, 소년이 장년으로 변화되며, 장년이 노인으로 변화되고, 노인은 죽음으로 변화한다. 죽음은 다시 허虛로 변화되고, 허는 다시 신神으로 변화되며, 신은 다시 기氣로 변화되고, 기는 다시 만물로 변화된다. 변화하고 변화함에 빈틈이 없으니 둥근 고리와 같이 끝이 없기 때문이다.[15]

---

15) 『化書·死生』: "虛化神, 神化氣, 氣化血, 血化形, 形化嬰, 嬰化童, 童化少, 少化壯, 壯化老, 老化死. 死復化爲虛, 虛復化爲神, 神復化爲氣, 氣復化爲物. 化化不間, 由環之無窮."

인용문에서처럼 담초 역시 허虛 → 신神 → 기氣 → 혈血 → 형形 → 영영嬰 → 동童 → 소少 → 장壯 → 노老 → 사死 → 허虛 → 신神 → 기氣 → 만물萬物이라는 우주생성론과 환원론의 관점을 진단과 동일하게 인식하고 있어 두 사람의 사상적 교류가 밀접했음을 알 수 있습니다. 특히 '변화하고 변화함에 빈틈이 없으니 둥근 고리와 같다'고 한 내용은 시작도 없고 끝도 없는 '무시무종無始無終'과 같이 끝없이 반복 순환하는 우주의 순환 질서를 말한 것으로 불교의 세계관에서 규정하고 있는 '색계色界를 벗어나 해탈하지 않는 한' 윤회론에 빠진다는 설정과 크게 달라 보이지 않습니다.

또한 진단은 도교 상청파上淸派[16]의 경전이기도 한 『황정경黃庭經』의 주요 수련방법인 존사법存思法과 내시법內視法을 수용하여 오장육부의 조화를 꾀하는 것은 물론 수일양신守一養神을 위한 내단수련법으로 활용하고 있습니다. 특히 「무극도」 중의 제3단계 수련법인 오기조원五氣朝元에 관한 내용을 서술하면서 이러한 수련법을 차용하고 있는데, 유염의 『주역참동계발휘周易參同契發揮』에 인용되어 있습니다.

---

16) 4세기 초 중국 강소성의 모산을 본거지로 하여 성립된 도교의 한 파로 모산파茅山派라고도 합니다. 『상청경上淸經』을 기본 경전으로 한 데서 붙여진 이름입니다. 진나라 위화존魏華存이 개조이고, 제9대 종사 도홍경이 대성하였습니다. 또 륙수정 등은 이 파의 교학을 성립시켰다는 점에서 중요한 지위를 차지합니다. 출가주의로 계율이 엄격하고, 강남 지방의 귀족층에 전해져 근대에까지 존속하였습니다. 이 파는 천사도天師道와 함께 도교의 분파 중 가장 전통 있는 파로 알려졌는데, 이 파의 주장·사상 등은 도홍경이 엮은 『진고眞誥』, 사마승정의 『좌망론』, 『천은자』 등에 나타나 있습니다.

눈은 그 빛을 함장하고, 귀로는 그 소리를 응축하고, 코로는 그 호흡을 조절하고, 혀로는 그 기를 함봉緘封하고, 양발은 가지런히 가부좌하고, 신을 수水(하단전) 안에 갈무리하면, 한 오라기의 마음도 밖으로 치달을 수 없다. 눈으로도 이제 보지 않으니 혼魂이 저절로 간肝으로 돌아가고, 귀도 이제 듣지 아니하니 정精이 저절로 신腎으로 돌아가며, 혀로 이제 맛보지 아니하니 신神도 절로 심장으로 돌아가고, 코로도 이제 냄새 맡지 아니하니 백魄이 절로 폐로 돌아가며, 사지도 이제 움직이지 아니하니 의意가 절로 비장으로 돌아가게 된다.[17)]

진단이 위에서 말한 바와 같이 오장에 정精·신神·혼魂·백魄·의意를 잘 갈무리하여 조화를 이루어 내면, 오기五氣가 일기一氣로 융화되어 상단전인 니환궁에 응신凝神되어 선태聖胎를 이루게 됩니다. 오장에 갈무리된 정精·신神·혼魂·백魄·의意는 자칫 방심하게 되면 눈眼·귀耳·코鼻·혀舌·사지四肢의 오관五官을 통해 누설되기 쉬운데, 도교 전통의 내단적 수련 방법인『황정경黃庭經』의 존사법存思法과 내시법內視法을 통해 오장의 신령神靈을 부른 다음, 오장으로 돌아가게 하여 각기 자기의 영역을 고수케 하면 오관을 통한 누설을 방지할 수 있습니다. 이러한 오장의 신령神靈은 구규九竅를 통해 드나들며 누설

---

17)『周易參同契發揮』:"眼含其光, 耳凝其韻, 鼻調其息, 舌緘其氣, 迭足端坐, 潛神內水, 不可一毫外用其心也. 蓋眼旣不視, 魂自歸肝. 耳旣不聽, 精自歸腎. 舌旣不味, 神自歸心. 鼻旣不香, 魄自歸肺. 四肢旣不動, 意自歸脾."

되기도 하지만, 잘 운용하면 오히려 각자의 몸을 보호하는 것으로 알려져 있답니다. 위백양魏伯陽의『주역참동계周易參同契』나 장백단張伯端의『오진편悟眞篇』에서는 수용하지 않는 전통의 다양한 수련법을 층차별로 받아들이고 있음을 볼 수 있습니다. 이러한 진단의 수련법 수용에서의 다양성은 아마도 자신만을 위한 수련체계가 아닌 많은 대중을 위한 포석으로 보이기도 합니다.

　　몸 가운데 아홉 구멍(구규九竅)의 신령神靈을 어찌 부르지 않겠는가? 부를 때는 그 이름만을 부르는 게 아니라 반드시 시시때때로 불러 구규九竅를 보호하도록 하는 것이다. 눈은 항상 드리워 원광元光이 있도록 하고자 함이고, 코는 항상 눌러 닫아 양광陽光이 머물게 하고자 함이며, 귀는 항상 닫아 지광智光이 서리게 하고자 함이고, 입은 항상 굳게 닫아 혜광慧光이 있게 하고자 함이다. 손은 항상 연마하여 진광眞光이 서리게 하고, 발은 항상 거두어들여 정광靜光이 머물게 하고자 함이다. 이와 같이 구규九竅는 밖에서 그 빛을 내는데, 삼품三品은 몸 내부에서 확고히 단속해야 한다. 안에서 확고해지면 밖으로 빛나는 것이다. [18]

　　위 인용문에서처럼 눈에는 원광元光, 코에는 양광陽光, 귀에는 지

---

18)『玉詮』: "身中九靈何不呼之, 呼者非呼其名, 須時時呼護之. 目欲常垂有元光也. 鼻欲常按有陽光也. 耳欲常閉有智光也. 口欲常緘有慧光也. 手欲常摩有眞光也. 足欲常斂有靜光也. 如是九竅生於外, 三品固於內. 內固則外榮."

광지光, 입에는 혜광慧光, 그리고 사지의 손에는 진광眞光, 발에는 정
광靜光이 항상 머물러 구규를 보호하게 하면서 안으로 단단히 단속
해야 몸 밖으로 빛이 발한다고 했습니다. 이러한 수련법은 곧 마음의
운용을 사물로부터 거두어들여 구규를 통해 드나드는 오장의 신을
내시內視하면서 고요함을 추구하고자 함입니다. 그러면서 보다 수련
의 심도가 깊어지면 도달할 수 있는 경지를 제시하기도 합니다.

『심인경心印經』의 '존무수유存無守有'라는 네 글자만을 가슴에
지녔을 뿐이다. '유무有無'라는 두 글자는 음양 두 글자를 포괄하
고 있다. 무無란 태극이 아직 갈라지지 않은 때의 한 점의 태허한 영
기靈氣로서 이른바 눈으로 보아도 보이지 않으며, 귀로 들어도 들
리지 않는 이러한 경지이다.¹⁹⁾

여기서 말하고 있는 '눈으로 보아도 보이지 않으며, 귀로 들어도
들리지 않는 이러한 경지'는 곧 도道에 가까워진 것을 의미합니다. 『심
인경』²⁰⁾에서 말하고 있는 '존무수유存無守有'는 노자가 "도라고 하는

---

19) 『玉詮』: "不過持定心印經存無守有四字, 有無二字, 包括陰陽兩個字. 無者, 太極
未判之時一點太虛靈氣, 所謂視之不見, 聽之不聞是也."
20) 『心印經』은 『高上玉皇心印妙經』의 약칭으로 작자는 확실치 않으며 4언 1句로 구
성되었습니다. 모두 200자의 비교적 짧은 글이지만 내단수련의 핵심내용이 담겨 있습
니다. 전체내용을 적어봅니다. 上藥三品, 神與氣精. 恍恍惚惚, 杳杳冥冥. 存無守有,
頃刻而成. 回風混合, 百日功靈. 默朝上帝, 一紀飛升. 知者易悟, 昧者難行. 踐履天光,
呼吸育清. 出玄入牝, 若亡若存. 綿綿不絕, 固蒂深根. 人各有精, 精合其. 神神合其氣,

것은 황홀할 뿐"이라 한 구절과 상통한 것으로 진단의 재전제자인 진
경원이 『도덕진경장실찬미편道德眞經藏室纂微篇』에서 잘 해명[21] 하였
습니다.

진단은 『음진군환단가결주陰眞君還丹歌訣注』에서 보다 구체적으
로 외단을 배격하며 내단의 중요성을 표출하였습니다. 음장생陰長生
의 『음진군환단가결陰眞君還丹歌訣』의 주석서인 이 저작에서 진단은
『도덕경道德經』, 『황제내경黃帝內徑』, 『음부경陰符經』, 『황정경黃庭經』
을 인용하면서 내단수련의 주요 방법인 하거河車와 화후火侯, 상중
하 삼단전, 용호교구龍虎交媾, 취감전리取坎塡離, 온양溫養을 통해 진
선에 이르는 법을 설명하고 있습니다. 특히 그는 외단 수련법을 배격
하며 오직 내단수련법만이 진선을 성취할 수 있다고 역설합니다.

세상 사람들은 단사丹砂와 은銀을 취하여 홍홍汞으로 삼고, 주동

氣合其真. 不得其真, 皆是強名. 神能入石, 神能飛形. 入水不溺, 入火不焚. 神依形生,
精依氣盈. 不凋不零, 松柏靑靑. 三品一理, 妙不可聽. 其聚則有, 其散則零. 七竅相通,
竅竅光明. 聖日聖月, 照耀金庭. 一得永得, 自然身輕. 太和充溢, 骨散寒瓊. 得丹則靈,
不得則傾. 丹在身中, 非白非靑. 誦之萬遍, 妙理自明.

21) 진경원은 『도덕진경장실찬미편』 권4에서 『도덕경』 제21장의 "도지위물道之爲物,
유황유홀惟恍惟惚."에 대한 주석으로 "도는 이미 형체가 없는데 어떻게 따른단 말인
가? 이미 그 형체가 없어서 또한 이름 붙일 수도 없는데 어떻게 하여 따른다는 말인가!
오직 그 황홀에 대해 묻는다면 그 영향으로써 그 상을 그려낼 뿐이다. 황恍은 유有인
것 같지만 유에 있어도 유가 아니다. 홀惚은 무無와 같지만 무에 있어도 무가 아니다.
무에 있어도 무가 아닌 것은 '공空은 곧 색色'이라는 것이다. 유에 있어도 유가 아니라
는 것은 '색色은 곧 공空'이라는 말이다. 유무를 측정할 수 없어서 다시 만물의 상에 의
거하여 도를 밝히는 것이다."라고 하였습니다.

　　　　　무극도 수면 명상법

철朱銅鐵을 사砂로 삼고 있는데, 만약 이러한 것으로 도를 구한다

면 이루지 못할 것이다. [22]

이는 진단이 생존했던 A.D. 10세기 전후에도 외단술을 통해 조제된 금단 복용에 따른 폐해가 아직 근절되지 않았음을 단적으로 보여주는 경계의 지침일 수 있습니다.

내단수련의 주요 방법 중의 하나로 인식되어진 것이 주천周天공법입니다. 진단은 우리 인체의 임맥任脈과 독맥督脈을 통해 소주천小周天 개념으로 활용된 하거河車에 대해 "북방의 기氣를 유주시켜 남방으로 돌아가게 하는데 화火로써 수水를 단련하는 것"[23]으로 달리 말하면 "상단전 옥천玉泉 중의 수水를 심화心火로써 수련하여 하단전에 들게 하는 것"[24]이라 말합니다. 그리고 "하단전에 머물고 있는 정精을 심화心火로써 운전하여 상단전으로 옮기면 자연 명주明珠를 결태하게 되며 니환궁에 거居하게 된다."[25]고 설명하였습니다. 여기에서 진단은 심화心火가 진양화進陽火와 퇴음부退陰符[26]의 화후火候

---

22) 『陰眞君還丹歌訣注』: "世人取砂銀爲汞, 取朱銅鐵爲砂是也. 若將此求道不成也."

23) 『陰眞君還丹歌訣注』: "河車者, 北方氣流南方, 以火煉水."

24) 『陰眞君還丹歌訣注』: "上丹田玉泉中水, 以心火修煉之, 入下丹田."

25) 『陰眞君還丹歌訣注』: "留下部之精, 以心火運轉居上元, 自然結爲珠, 居泥丸宮."

26) 진양화進陽火는 하단전에서 정精을 기氣와 합일하여 몸 뒤 등줄기를 따라 유주하는 독맥을 통해 상단전으로 운반하는 운기법이며, 퇴음부退陰符는 몸 앞쪽으로 유주하는 임맥을 따라 상단전에서 중단전을 거쳐 하단전으로 유주케 하는 주천법의 일종입니다.

과정을 주도하고 있다고 말하는데, 이는 의념意念을 통한 유위법有爲法의 명공命功 수련임을 암시한 것입니다. 그러면서 "니환궁에 관주灌注하여 명주明珠가 이루어지면 삼천대천세계를 관조할 수 있다."[27]고 말하는데, 즉 무위법無爲法인 성공性功 수련의 결과로 나타난 양신출태陽神出胎의 의미를 함의하고 있습니다.

도道를 수행하고자 한다면 고요하고 한가롭게 은거하면서 도인導引[28]과 고치叩齒[29] 그리고 정신을 모아 악고握固[30]하며 평좌하고서 은밀하게 행하여야 한다. 지켜야 할 것으로 먹는 것을 줄이고 말을 적게 하며 즐거워하거나 화내지 말아야 한다.[31]

이는 진단 내단사상의 특징을 잘 보여줍니다. 즉 그는 도교 전통의 내단적 요소를 지닌 수련 방법이기도 한 도인법, 고치법, 악고법과 소식, 담담한 마음의 운용 등과 같은 다양한 방법을 전방위적으로

---

27) 『陰眞君還丹歌訣注』: "泥丸注爲珠, 可照三千大天世界矣."

28) 도교련양의 용어로 원래는 중국 고대에서 몸을 강건하게 하고 병을 물리치는 일종의 양생 방법인데, 후세에 도교로 흡수되었습니다. 의학적인 방법으로도 채용되었는데, 『장자·각의』에 처음 등장합니다.

29) 치아를 상하로 부딪쳐 천고를 울려 삿된 것을 물리치고 진신을 모으는 것으로 일상적으로 행하는 소술이라 할 수 있습니다.

30) 양생 수련 중 도인과 안마 시에 활용하는 하나의 방법으로 원래는 『도덕경』 제55장에 "骨弱筋柔而握固"한데서 유래한 것으로 엄지를 나머지 네 손가락으로 감싸 쥐는 것을 말합니다.

31) 『陰眞君還丹歌訣注』: "凡欲行道靜隱, 閑居導引, 叩齒集神, 握固平坐, 密而行之. 護持者, 減食小語, 莫喜怒."

활용하면서 일상생활 속에서의 삶이 곧 수련의 연장이라는 자세를 견지하였습니다. 그러면서 다음과 같이 수련자로서의 마음가짐을 말합니다.

묵묵한 마음으로 수련하고, 고요하게 뜻을 보호하고 지키며, 초심에서 물러서지 않고, 처음의 의지로 근면하게 나아가면서 단련하고 복기服氣하면 진선을 이룬다. [32]

이상에서 살펴본 것처럼 진단은 외단적 수련 요소를 철저히 배격하면서 전통적으로 내단적 성향을 지닌 수련법을 적극적으로 수용할 뿐만 아니라 필요하다면 유儒·불佛의 이론을 수용하면서까지 내단학의 요지를 밝히고 있습니다. 그러면서도 일관되게 성명쌍수를 통한 내단수련의 최종목표를 진선眞仙으로 상정하고 있습니다.

---

32)『陰眞君還丹歌訣注』: "邃黙心修煉, 靜意保持, 不退初心, 勤進前志, 方乃煉之餌之成眞仙耳."

제2절

「무극도無極圖」의
유래

진단의 내단사상을 종합한 「무극도」의 유래에 관해서는 여러 설이 분분하지만, 득규得竅(현빈지문玄牝之門) → 연기煉己(연정화기煉精化氣와 연기화신煉氣化神) → 화합和合(오기조원五氣朝元) → 채약採藥(취감전리取坎塡離) → 탈태탈태脫胎(연신환허煉神還虛·복귀무극復歸無極)의 다섯 단계에 담겨 있는 사상적 연원을 토대로 소급하여 들어가면 크게 세 가지로 압축됩니다. 도가사상의 시원이 된 노자의 『도덕경道德經』과 위백양의 『주역참동계周易參同契』 그리고 진단 자신의 저작인 『역용도서易龍圖序』와 「복희선천팔괘도伏羲先天八卦圖」에서 그 근거를 찾을 수 있습니다.

『도덕경道德經』과 「무극도無極圖」

도가사상의 시원始原이 되는 『도덕경』은 「무극도」가 지향하고 있는 관점, 즉 우주만물의 모체라 할 수 있는 '무극으로의 복귀'라는 지향점을 제시해 주었습니다. 노자 『도덕경』 제28장에서 이러한 근거를 찾을 수 있습니다.

그 수컷다움을 알면서 그 암컷다움을 지키면 천하의 계곡이 된다. 천하의 계곡이 되면 영원한 덕德에서 떠나지 않아 다시 갓난아이로 돌아간다. 그 흰 것을 알면서 그 검은 것을 지키면 천하의 모범이 된다. 천하의 모범이 되면 영원한 덕德에서 어긋나지 않고, 다시 무극無極의 상태로 돌아간다.[33]

여기서 자웅雌雄과 흑묵黑白은 음양의 대대待對 개념으로 이러한 이치를 몸소 체득하여 알면 천하의 계곡과 모범이 되어 영원한 덕德에서 어긋나지도 떠나지도 않아 다시금 영아嬰兒와 무극無極으로 돌아간다 하였습니다. 이는 다분히 도교 내단학에서 추구하는 역향적逆向的 발상으로 반본환원返本還元을 말하고 있습니다.

진단이 「무극도」에서 마지막 다섯 번째 층차로 설정한 '연신환허

---

33) 『道德經』 제28장: "知其雄, 守其雌, 爲天下谿. 爲天下谿, 常德不離, 復歸於嬰兒. 知其白, 守其黑, 爲天下式. 爲天下式, 常德不忒, 復歸於無極."

煉神還虛, 복귀무극復歸無極' 역시 『도덕경』 제28장에서 말하고 있는 복귀무극의 개념을 수용한 것으로 생각됩니다. 또한 「무극도」 제4단계의 '취감전리取坎塡離'의 개념 역시 여기서 크게 벗어나지 않습니다. 자웅과 흑백은 음양과 수화를 상징하는 역易의 감괘坎卦와 리괘離卦에 대입할 수 있으며, 취감전리하여 다시 순일무잡純一無雜하게 된 건곤괘는 곧 영아 혹은 무극으로 반본환원返本還元한 것이기 때문입니다.

그리고 「무극도」에서 제1단계로 설정한 득규得竅의 '현빈지문玄牝之門'은 명백히 『도덕경』 제6장을 취하고 있습니다.

> 곡신은 죽지 않으니 이를 현빈玄牝이라 한다. 현빈의 문은 천지의 근원으로 끊어질 듯 하면서도 이어지고 써도 써도 다할 줄을 모른다.[34]

인용문에서 보는 바와 같이 노자는 천지의 근원을 현빈玄牝의 문으로 상정하고 있는데, 진단은 이와 같은 『도덕경』의 관점을 「무극도」에 수용하면서 우리 인체에서는 하복부에 위치한 하단전으로 규정합니다. 즉 노자가 역설한 반본환원返本還元의 관점을 지향하며, 인체의 삼보인 정精·기氣·신神을 상(신神)·중(기氣)·하(정精) 삼단전

---

34) 『道德經』 제6장 : "谷神不死, 是謂玄牝. 玄牝之門, 是謂天地根. 綿綿若存, 用之不勤."

에서 연단하는 것으로 보았습니다. 하단전에서 정精을 단련하여 중단전의 기氣와 합하게 하고, 다시 중단전의 합일된 기氣는 상단전에서 신神과 합일시키는 것으로 해석하였습니다. 다시 말해 환원론의 관점인 역수성선逆修成仙을 지향하고 있는 내단학에서는 연정화기煉精化氣(정精·기氣·신神 3 → 2 기氣·신神) → 연기화신煉氣化神(기氣·신神 2 → 1 신神) → 연신환허煉神還虛(신神 1 → 0 허虛)를 수련의 층차별 단계로 설정하고 있는데, 하단전을 역수성선逆修成仙의 기시점起始點으로 보고 「무극도」 제1단계인 현빈지문玄牝之門으로 수용하고 있습니다.

『주역참동계周易參同契』와 「무극도無極圖」

만고단경왕萬古丹經王으로 추앙받고 있는 위백양魏伯陽의 『주역참동계周易參同契』 역시 진단의 「무극도」 제작에 상당한 영향을 미친 것으로 파악됩니다. 위백양은 그의 저작에서 주역의 변화원리를 바탕으로 하면서 다양한 외단 용어를 빌어 내단적 사상을 밝히고 있습니다. 특히 최초의 주석서로 알려진 팽효彭曉(A.D. ?~955)의 『주역참동계분장통진의周易參同契分章通眞義』에서는 『주역참동계易參同契』 제1장의 다음 언급에 주목합니다.

건곤乾坤이란 변화하는 역易의 문호이며, 다른 모든 괘의 부모이다. 감리坎離는 광곽(주위, 외곽)으로 수레바퀴를 굴리는 바른 굴대

이다. 35)

팽효는 이러한 원문에 "그렇기 때문에 건곤으로 정기鼎器를 삼고, 감리로 광곽을 삼으며, 수화로 부처夫妻를 삼고, 음양으로 용호를 삼는다."36)는 주석을 가하며 이를 토대로 수화광곽도水火匡郭圖37)를 제작했는데, 좌측은 리괘를 나타내는 화火이자 양陽이며, 우측은 감괘를 상징하는 수水이자 음陰을 의미합니다. 「무극도」 제4단계의 취감전리도取坎塡離圖는 바로 팽효의 그림을 응용한 것입니다.

또한 「무극도」 제3단계의 오기조원도 역시 팽효의 삼오지정도三五至精圖를 수용하고 있다고 보입니다. 『주역참동계周易參同契』 제68장에 다음과 같은 언급이 있습니다.

3·5와 1은 천지의 지극한 정精으로 구결口訣로 전할 수는 있으나 글로는 전하기가 어렵다. 38)

---

35) 『周易參同契』 제1장 : "乾坤者, 易之門戶, 衆卦之父母. 坎離匡郭, 運轂正軸."

36) 『周易參同契分章通眞義』 제1장 : "故以乾坤爲鼎器, 以坎離爲匡郭, 以水火爲夫妻, 以陰陽爲龍虎."

37) 감리광곽도는 달리 수화광곽도라고도 하는데, 그 최초의 문헌 자료는 오대후촉의 팽효가 주석한 『주역참동계분장통진의』에 실려 있습니다. 현대의 도교 학자 경희태는 『중국도교사』에서 "수화광곽은 비교적 이해하기 쉬운데, 일음일양이 서로 번갈아 간다는 것으로 역괘를 활용하여 표시하고 있다. 그림의 좌측은 리괘 ☲ 를, 우측은 감괘 ☵ 를 나타내는데, 수화를 서로 교합하여 성태를 이룬다."라고 말하고 있습니다. 또한 모기령(A.D. 1623~1716)은 '『참동계』의 여러 그림들은 주자의 주석이 나온 이후 학자들에 의해서 삭제되었다'는 논지를 펼치고 있는데, 수긍할만한 주장이라 여겨집니다.

팽효는 이에 대한 주석에서 "세 가지 성품이란 화火·금金·목木이다. 두 가지 맛이란 연홍과 용호다. 그러므로 3·5를 1과 더불어 천지의 지극한 정이라고 말하였다. 구결로는 전할 수 있으나 글로는 전하기 어려우니 어찌 가벼이 적합하지 않은 사람과 의논할 수 있겠는가?"라며 삼오지정도의 근거로 삼았습니다. 여기서 3·5라 함은 삼오지정도 좌변의 화火2와 목木3이 합하여 5수數의 일가一家가 되며, 우변의 수水1과 금金4가 합하여 또한 5수의 일가一家가 되고, 여기에 중앙의 무기토戊己土5가 일가를 이루어 모두 삼가三家를 이룹니다. 그래서 『주역참동계周易參同契』 제76장에서 "삼물三物이 일가一家를 이루어 모두 무기戊己로 돌아간다."[39]고 했습니다. 즉 좌변의 화목火木과 우변의 수금水金, 그리고 중앙 토土가 조화를 이루어 무기戊己로 돌아가 황아黃芽가 맺어진다고 했습니다. 진단은 이를 바탕으로 오장육부의 조화를 꾀하는 「무극도」 중의 오기조원五氣朝元으로 수용하였습니다.

『역용도서易龍圖序』「복희선천팔괘도伏羲先天八卦圖」와 「무극도」

진단은 「역용도易龍圖」의 논리 구조를 노자의 "도道는 일一을 낳

---

38) 『周易參同契』 제68장 : "三五與一, 天地至精, 可以口訣, 難以書傳."
39) 『周易參同契』 제76장 : "三物一家, 都歸戊己."

고, 일一은 이二를 낳고, 이二는 삼三을 낳고, 삼三은 만물을 낳는 다."⁴⁰⁾는 관점에 비견하여 도道는 0을 뜻하는 허虛나 무극無極, 일一은 태극太極의 뜻을 내포한 '천지미합지수도天地未合之數圖', 이二는 천지음양이기天地陰陽二氣가 교류하는 '천지이합지위도天地已合之位圖', 삼三은 천지생성의 수인 '하도河圖와 낙서洛書'라고 하였습니다. 우주의 생성론적 입장에서 보았을 때 만물의 생성은 순행順行 관점의 0 → 1 → 2 → 3의 과정을 밟고, 역행逆行 관점의 내단학에서는 3 → 2 → 1 → 0이라는 단계를 밟으며 반본환원返本還元한다고 하였습니다. 따라서 진단은 「역용도易龍圖」의 우주생성론적 관점을 「무극도」의 본체환원론으로 응용하였다고 볼 수 있습니다.

진단이 제작한 것으로 알려진 「복희선천팔괘도伏羲先天八卦圖」 역시 「무극도」의 다섯 층차인 득규(현빈지문) → 연기(연정화기와 연기화신) → 화합(오기조원) → 채약(취감전리) → 탈태(연신환허·복귀무극)의 근거를 충분히 유추해 낼 수 있는 바탕이 됩니다. 보다 자세한 내용은 「무극도」와 「역용도」·「선천팔괘도」에서 논의하기로 합니다.

이상에서 살펴본 대로 진단은 「무극도」 제작을 위해 도교 전통 경전의 핵심요소를 수용, 자신만의 독창적인 융합적 논리를 통해 내단수련의 종합적 모델을 도출해 내고 있습니다. 특히 그만의 역학적 지식을 바탕으로 전체적인 틀을 구성하고서, 여기에 도교 전통의 수련방식을 종합하여 다섯 단계로 압축한 것은 다양한 도교 내단 이

---

40) 『老子道德經』42장 : "道生一, 一生二, 二生三, 三生萬物."

론을 보다 단순하고 체계적으로 구성하는데 획기적인 기여를 하였습니다.

제3절

——

「무극도無極圖」의

역행逆行과

「태극도太極圖」의

순행順行

「무극도」의 역행적逆行的 환원론還元論

황종염黃宗炎의 역향적 분석

황종염(A.D. 1616~1686)은 그의 저술 『태극도변太極圖辨』에서 「무극도」는 도교 내단수련의 비결을 나타낸다고 주장하며 다섯 단계의 수련 층차를 비교적 자세하게 묘사하였습니다. 진단이 「무극도」를 제작한 당시와 6백여 년 이상의 시차가 존재하지만, 내단학적 논리 전개상 큰 차이는 없는 것 같습니다. 그 내용을 전체적으로 살펴보면 자연현상의 순행적 관점을 역행적 관점으로 돌려 반본환원返本還元하려는 특성을 드러내고 있습니다.

그 그림은 아래로부터 위로 올라가면서 역逆으로 '단丹'을 이루는 방법을 밝힌 것이다. 그 중점은 수화水火에 있다. 화火의 성질은 불꽃이 위로 향한다. 이것을 역행 시켜 곧 아래로 향하게 하면 불똥이 튀기지 않는데, 오직 온양溫養하여 따스하게 해야 한다. 수水의 성질은 습윤하여 아래로 흐른다. 이것을 역행逆行하여 위로 흐르게 하면 물은 비루하거나 습하지 않게 된다. 그러니 오직 자양滋養하여 광택이 나게 해야 한다. 자양이 지극하면 계속 이어져 그치지 아니한다. 온양이 지극하면 견고하여 무너지지 아니한다.[41]

그는 「무극도」의 총괄적인 수련 단계에 있어 특히 수화론水火論을 강조합니다. 위에서 황종염이 서술한 것은 '수승화강水升火降'으로 내단수련의 핵심 사상입니다. 이는 수화水火의 자연 현상적 작용을 역행적逆行的 관점으로 돌려 인체의 심신心腎에 대비시키고 있습니다. 해부학상으로 볼 때 심장은 상부에 신장은 하부에 있는데 화기火氣는 위로 올라가는 성질이 있는 반면 수기水氣는 아래로 내려가는 특성이 있습니다. 그러나 역수성선逆修成仙을 목표로 한 내단학에서는 심장의 화기를 내리고 신장의 수기를 위로 올려 유기적으로 순환시키려는 일련의 심신心身 운용법을 '수승화강水升火降'이라 합니다. 즉 순행적인 자연현상을 역행逆行시켜 모든 현상을 일으킨 본원으로

41) 『宋元學案』卷12, 「太極圖辨」: "其圖自下而上, 以明逆則成丹之法. 其重在水火, 火性炎上, 逆之便下, 則火不燎烈, 惟溫養而和煥. 水性潤下, 逆之使上, 則水不卑濕, 惟滋養而光澤, 滋養之至, 接續而不已. 溫養之至, 堅固而不敗. "

돌아가고자 하는데 그 목표가 있습니다.

　그 맨 아래의 원은 원빈元牝[42]의 문門이라 이름하였다. 현빈玄牝
은 즉 곡신谷神이다. 빈牝은 구멍이고 곡谷은 텅 빔이다. 이는 인체
의 명문命門으로 두 콩팥 사이의 텅 빈 틈새를 말하며, 기가 생겨나
는 곳인데 이것이 조기祖氣이다. 사람의 오장육부와 온갖 기관의
운용을 느낄 수 있는 것은 모두 여기에 근본하고 있다.[43]

　현빈玄牝은 『도덕경』 제6장에서 처음 용어의 정리가 이루어진 뒤
다양한 해석이 뒤따르고 있습니다. 내단 용어 중 현빈과 같이 관점의
차이를 보이는 단어는 없는 것 같습니다. 그만큼 수련의 성패를 가름
할 수 있는 단초가 되고 있기 때문이죠. 여기서 황종염이 피력하고 있
는 현빈의 개념은 종리권의 주장을 따르고 있습니다. 보다 자세한 현
빈의 개념 정리는 '제5절 「무극도」의 수련단계'에서 논의하기로 합니다.

　이에 그 조기朝氣를 이끌어 한 단계 위의 원으로 상승시키는데, 이
를 연정화기·연기화신이라고 한다. (연정화기는) 유형의 정精을 단

---

42) 여기서 '현빈玄牝'을 '원빈元牝'이라 한 것은 황종염(A.D. 1616~1686)이 이러한
논지를 저술할 당시, 청 황제는 강희제인 성조(재위 기간 A.D. 1662~1722)로 성은 애
신각라愛新覺羅, 이름은 현화玄燁였습니다. 따라서 황제의 이름 자인 '현玄'을 피해서
'원元'으로 했을 뿐 의미는 현빈과 동일합니다.
43) 『太極圖辨』: "其最下圈, 名爲元牝之門. 玄牝卽谷神, 牝者竅也, 谷者虛也, 指人身
命門兩腎空隔之處, 氣之所由以生, 是爲祖氣. 凡人五官百骸之運用所覺, 皆根于此."

련하여 미묘하고 작은 기기氣로 변화시키는 것이며, (연기화신은) 고요한 호흡의 기氣로써 연단하여 유有(氣)에서 나와 무無의 신神이 되게 변화시키는 것이다.[44]

이는 하단전에서 유형의 정精을 단련하여 아주 미세한 기氣로 변화시켜 독맥督脈과 임맥任脈을 통한 소주천小周天을 행할 수 있도록 하고자 함입니다. 황종염은 내단학에서 삼보三寶로 여기고 있는 정精·기氣·신神 가운데 정·기를 물질적 개념으로 파악하여 의념意念이 가미된 유위법有爲法으로도 단련 가능한 것으로 보았으며, 신神은 보고 만질 수 없는 미물질未物質적 차원, 즉 의념이 가미되어서는 진입할 수 없으며 무위법無爲法적 수련으로만 가능한 것으로 규정하였습니다.

(그래서 신神을) 오장육부에 관철토록 해야 한다. 가운데 층의 왼쪽은 목화木火, 오른쪽은 금수金水가 되며, 중앙의 토土는 이것들을 서로 연결하는 원인데, 이를 오기조원五氣朝元이라 한다. 이것을 운행하여 조화를 얻게 되면 수화가 서로 교구하여 잉태하게 된다.[45]

---

44) 『太極圖辨』: "于是提其祖氣上昇稍上一圈, 名爲鍊精化氣, 鍊氣化神. 鍊有形之精, 化爲微芒之氣, 鍊依希呼吸之氣, 化爲出有入無之神."
45) 『太極圖辨』: "使貫徹于五臟六腑, 而爲中層之左木火, 右金水, 中土相聯絡之一圈, 名爲五氣朝元. 行之而得也, 則水火交媾而爲孕."

연정화기와 연기화신을 통해 응결된 신神을 오장육부에 관철하여 오기五氣의 조화가 이루어지게 되면 상단전인 니환궁에 이르게 해야 하는데, 이를 오기조원五氣朝元이라 합니다. 여기서 장부의 배열은 오행의 우음좌양右陰左陽의 원칙에 따라 화火(심장·소장)와 목木(간·담)은 오기조원도의 좌측에 놓고, 수水(신장·방광)와 금金(폐·대장)은 우측에 배열하며, 토土(비·위)는 중궁中宮에서 이들을 상호 유기적으로 조율하고 있는 것으로 보았습니다.

또 그 위의 가운데를 검은색과 흰색으로 나누어 양쪽이 상간하여 섞인 원을 취감전리라고 이름하니, 곧 성태聖胎를 이루는 것이다. [46]

취감전리도取坎塡離圖의 좌측은 리괘☲로서 양陽이자 화기火氣를 상징하고, 우측은 감괘☵로서 음陰이자 수기水氣를 의미합니다. 수화水火의 기氣를 교구交媾하면서 감괘 가운데 양효를 리괘 중의 음효자리에 채워 넣으면 두 괘는 순음순양의 건곤괘로 다시 환원하게 됨을 취감전리라 합니다. 건곤괘는 선천진일지기先天眞一之氣의 의미를 내포하고 있는데, 바로 이 진기眞氣를 채약採藥하여만 비로소 진선眞仙에 이를 수 있는 성태聖胎를 이뤄 영아嬰兒를 기를 수 있다고 보았습니다. 이러한 성태는 황아黃芽, 진종자眞種子 등으로 비유되곤 합니다.

---

46) 『太極圖辨』: "又其上之中分黑白, 兩相間雜之一圈, 名爲取坎塡離, 乃成聖胎."

또 그것을 다시 무시無始로 돌이키는데 이것이 맨 위층의 원이다. 이것을 연신환허, 복귀무극이라 하는데, 그 수련의 공용이 지극한 상태에 도달했음을 말한다. 대개 득규得竅에서 시작하여 연기煉己와 화합和合, 득약得藥 과정을 거쳐 마지막으로 탈태구선脫胎求仙한다. 이것이 진정한 장생의 비결이다.[47]

황종염은 제5단계를 '무시無始로 다시 돌아감'이라고 표현하고 있는데, 여기서 '시작도 없다(무시無始)'는 것은 '끝남도 없다(무종無終)'는 것을 함의하고 있다는 전제입니다. 이러한 것은 우주의 생성변화가 하나의 무한이 큰 원圓과 같이 순환하고 있음을 상징적으로 표현한 것입니다. 최종의 단계를 연신환허와 복귀무극이라 규정하며 탈태구선脫胎求仙이라 하였는데, 이는 곧 물질세계의 차원을 벗어나 또 다른 차원의 세계로 진입하는 것이라 여겨집니다. 이것을 진정한 장생의 비결로 본 것이죠.

「무극도」의 역행적逆行的 관점

황종염이 주장하는 바와 같이 「무극도」는 역향적逆向的인 관점을 취하고 있습니다. 이 그림의 가장 두르러진 특징은, 첫째는 자기의 주

---

47) 『太極圖辨』: "又使復還於無始, 而爲最上之一圈, 名爲鍊神還虛, 復歸無極. 而功用至矣. 蓋始于得竅, 次于煉己, 次于和合, 次于得藥, 終于脫胎求仙, 眞長生之秘訣也."

관의식(신神의 작용)을 통해서 자신의 신체 상태와 수명을 조절하고 개변할 수 있다는 점입니다. 둘째는 수련의 물질기초인 정·기·신을 활용하여 수련 전에는 없었던 허무虛無 상태 속에서 점진적으로 의식과 운명을 개조할 수 있다는 것입니다. 셋째는 수련의 기점起點 및 과정과 낙점落點입니다.

사람의 생명이 선천에서 후천으로 떨어지는 과정과 원리는 우주 생성론의 각도에서 논술한 원리와 거의 같습니다. 「무극도」는 곧 생명의 변화법칙과 우주의 변화법칙을 서로 유비 시킨 것이며, 내단학의 수련 원리를 우주 변화발전법칙의 기초위에서 건립하였습니다. 우주 생성론이 자연의 변화원리에 따르는 '순즉범順則凡'을 구체화한 것이라면, 본체환원론은 변화를 거슬러 되돌아가 본원을 회복하는 '역즉선逆則仙'을 취한 것입니다.

「무극도」에서는 '정精·기氣·신神·허虛'의 네 가지 개념을 우주 변화 층차의 대표적인 구성단계 요소로 설정하였습니다. 즉 정精 → 기氣 → 신神 → 허虛의 단계는 본체환원론의 관점인 현상계에서 우주의 본원인 허虛로 돌아가는 것입니다. 이는 「무극도」의 다섯 단계 중에 포함되어 있는 연정화기 → 연기화신 → 연신환허의 핵심요소입니다. 이러한 역향逆向적 돌아감은 3(정精·기氣·신神) → 2(기氣·신神) → 1(신神) → 0(정虛)을 의미하는 것으로 후천後天에서 선천先天으로 되돌아가는, 즉 유有의 세계에서 무無의 세계로 환원하는 수련 과정입니다.

진단은 '정精·기氣·신神·허虛'라는 수련 요소를 단계적으로 운용하고 있는데, 대우주와 소우주의 운행원리에 빗대어 연정화기는 3에서 2로 돌아가도록 하는 소주천小周天이며, 연기화신은 2에서 1로 돌아가게 하는 대주천大周天이라고 보는 견해도 있습니다. 진단이 주장하는 내단수련의 순서는 가장 아래층의 원, 즉 '명심태무冥心太無'에서 시작하여 고요함에 머무르다 움직임이 생겨 비결을 얻은 후에는 몸을 단련하는 연기煉己(연정화기와 연기화신) → 화합和合(오기조원) → 채약採藥(취감전리) → 탈태脫胎(연신환허와 복귀무극)의 단계를 거친다고 보았습니다. 중국의 현대철학자 공령굉孔令宏은 '진단이 여기서 전개한 내단공법은 선성후명先性後命이라 할 수 있으며, 후세에 장백단(A.D. 984~1082)이 내세운 선명후성先命後性과는 반대 입장이라'고 주장하기도 합니다.

그러나 필자의 생각은 위의 주장을 편 공령굉과는 다릅니다. 연정화기와 연기화신의 단계는 명공수련命功修煉의 경지이며, 연신환허와 환허합도(복귀무극)의 단계를 성공수련性功修煉으로 보아야 합니다. 이러한 관점에서 보자면 「무극도」는 선명수성先命後性[48]의 성격이 더 짙다고 볼 수 있습니다.

송대에 이르러 내단학이 정립된 이후 통설적으로 성명쌍수론性命雙修論[49]이 일반화되었는데, 장백단으로 대표되는 도교 남종에서는

---

48) 도교 내단수련의 성명쌍수性命雙修라는 방법론에서 명命(신身·기氣) 수련을 성性(심心·신神) 수련보다 우선적으로 여기는 도교 남종의 주장입니다.
49) 도교 내단수련의 방법론으로 성性(심心·신神)과 명命(신身·명氣)은 불가분의 관계이기 때문에 성性과 명命을 겸하여 수련해야 한다는 내단학의 기본 명제입니다.

성공 수련에 앞서 명공 수련이 선행되어야 한다며 선명후성을 주장하였고, 왕중양王重陽(A.D. 1112~1170)의 북종에서는 이와는 반대로 선성후명을 제기하여 내단수련의 양대 산맥을 이루었습니다.

이는 진단이 추구한 성명쌍수론에서 보다 구체화한 이론으로 보일 수 있지만, 수련적 측면에서 보면 진단의 주장이 현실적으로 보다 타당성을 지니고 있다고 봅니다. 심신일체라는 관점에서 보더라도 성명性命은 결코 선후로 나누기 곤란하기 때문이죠. 물론 명命보다는 성性이 더 본원적이지만 육신을 품부한 이상 적어도 유위적有爲的 수련에 있어서는 성명性命을 분리할 수 없습니다. 때로 근기根機에 따라 선후개념을 도입하여 성공性功을 강조하거나 명공命功 부문을 중요시할 수는 있습니다. 그러나 우리 인체 및 정신구조가 유기적 관계라는 점을 고려할 때 항상 성性과 명命이 조화된 상태에서만 승화개념이 성립될 것으로 보입니다. 그래서 진단은 줄곧 동적動的인 전통의 도인법과 정공靜的인 복기服氣 및 수공睡功 등을 병행할 것을 제안하며 성명쌍수적 논리를 전개하였습니다.

「태극도太極圖」의 순행적順行的 생성론生成論

「태극도」의 순행적 관점

본체환원론의 입장을 표방하는 「무극도」와 함께 우주생성론의 관점을 취하고 있는 「태극도」는 10세기를 전후한 중국 도학道學의 주요

논쟁점 중의 한 영역을 차지하였습니다. 「무극도」가 현상의 우주에서 탄생 시점으로 돌아가는 귀납적 논리를 펼치고 있는 반면, 「태극도」는 우주 탄생에서부터 현재에 이르기까지 변화발전과정을 연역적으로 해석하려는 대대待對적인 입장을 취하고 있습니다. 따라서 두 도식의 비교는 매우 중요한 의미를 담고 있습니다.

북송의 여러 유학자 중 「태극도太極圖」를 제작한 것으로 알려진 주돈이周敦頤(A.D. 1017~1073)[50]의 사상은 도가철학적인 영향을 많이 받은 것으로 알려져 있습니다. 연원 상으로 볼 때 노자의 『도덕경』과 『주역』이 그의 사상의 기저를 이루는 원천입니다. 특히 노자의 『도덕경』 및 왕필(A.D. 226~249)[51]이 주석한 『도덕경주』와 『주역주』 중의 학설은 주돈이 철학의 구성과 방법론의 기본적인 틀이랍니다. 여기에 불교사상 또한 그의 사상 형성에 많은 영향을 끼친 것으로 알려

---

50) 자字는 무숙茂叔, 호는 염계濂溪, 도주道州(호남성 도영현) 출생. 지방관으로서 각지에서 공적을 세운 후 만년에는 려산 기슭의 염계서당에 은퇴하였기 때문에 문인들이 염계선생이라 불렀습니다. 그는 도가사상의 영향을 받아 우주의 근원인 태극으로부터 만물이 생성하는 과정을 태극 → 음양 → 오행 → 남녀 → 만물로 예시하며 태극도설을 주장하였습니다. 저서로 『태극도설太極圖說』, 『통서通書』, 『애련설愛蓮說』 등이 있습니다. 주자는 염계가 정호·정이 형제를 가르쳤기 때문에 도학道學(신유학)의 개조라고 칭하였습니다.

51) 자字는 보사輔嗣, 산동성 출생. 젊은 나이에 상서랑尙書郎에 등용되었고, 위진현학의 시조로 일컬어졌습니다. 한나라 때 유행한 상수역학과 참위설을 물리치고 분석적이면서 사변적인 의리역의 학풍을 일으켜 중국 중세의 관념론 체계에 심대한 영향을 끼쳤습니다. 체용일원의 무無를 본체로 하고 무위無爲를 그 작용으로 하는 본체론을 전개하여 인지人知나 상대 세계를 무한정으로 보는 노자의 무위자연에 귀일함으로써 현실의 모순을 해결하려고 하였습니다. 저서로 『노자주老子註』, 『주역주周易註』 등이 있습니다.

져 있습니다. 따라서 그의 『태극도설太極圖說』이 유·불·도 삼가사상의 융합이라는 것은 청대의 모기령을 비롯한 많은 사람이 주장하고 있습니다. 그의 사상이 가장 잘 드러나 있는 『태극도설』을 먼저 살펴봅니다.

무극無極이면서 태극太極이다. 태극은 운동하여 양陽을 낳고, 그 움직임이 극에 도달하면 고요에 이르고 고요함으로써 음陰을 낳는다. 고요함이 극에 달하면 다시 움직이게 된다. 한 번 움직이고 한 번 고요한 것이 서로 근원이 되어서 음陰으로 나뉘고 양陽으로 나뉘어 양의가 성립한다. 양이 변하고 음이 합해서 수水-화火-목木-금金-토土를 낳는다. 이 다섯 가지 기운이 순리롭게 펼쳐지면서 사계절이 운행된다. 오행五行은 하나의 음양이고, 음양은 하나의 태극이며, 태극은 본래 무극이다. 오행은 생길 때 각기 하나의 성性을 갖는다. 무극의 참됨과 음양오행의 정수가 오묘하게 합하여 응축되면, 건도乾道는 남성이 되고 곤도坤道는 여성이 되어, 이 두 기운이 서로 감응하여 만물을 변화 생성시킨다. 이리하여 만물은 낳고 낳아 변화가 무궁하다. 오직 사람은 그 가운데 빼어난 부분을 얻어 가장 영명한데, 육체가 생기면 정신이 지각작용을 하며, 오성이 감응하여 동요할 때 선과 악으로 나뉘고 만사가 산출된다. 성인은 이때 중정인의中正仁義의 법도를 정하여 고요를 근본으로 삼아 인극人極를 수립했다. 그러므로 성인은 덕이 천지에 필적하고, 영명함은 해와 달에 필적하며, 질서정연함은 사계절에 필적하며, 길흉의 판단은 귀신에 필적하거니와 군자君子는 인극을 닦기 때문에 길하고, 소인小人은 거스르기 때문에 흉하다. 따라서 '천도天道로 음양을 수립하고, 지도地道로 강유를 수립하고, 인도人道로 인의를 수립했다.'고 했다. 또 '시원을 궁구하여 종말을 돌이켜보기 때문에, 생사의 이치를 알게 된다.'고 말한 즉, 위대하다! 역易이여! 여기에 지극한 이치가 있구나.[52]

원문에서 보는 것처럼 『태극도설太極圖說』이 『주역周易』과 관련된 내용도 있지만 전적으로 주역에 의거한 것만은 아닙니다. 그 대표적인 내용을 보면 우주생성론적 도식이 다른 것을 들 수 있습니다. 『역易』「계사전繫辭傳」에 "역에는 태극이 있고, 그것이 양의를 낳고, 양의는 사상을 낳고, 사상은 팔괘를 낳으며, 팔괘는 길흉을 결정하고, 길흉이 큰 업을 낳는다."[53]는 언급이 있습니다. 『태극도설太極圖說』의 앞부분에서는 태극이 양의를 낳는다는 설을 수용하였지만 뒤에서는

---

52) 『周敦頤集』「太極圖說」: "濂溪先生曰, 無極而太極. 太極動而生陽, 動極而靜. 靜而生陰, 靜極復動. 一動一靜, 互爲其根. 分陰分陽, 兩儀立焉. 陽變陰合, 而生水火木金土. 五氣順布, 四時行焉. 五行一陰陽也, 陰陽一太極也, 太極本無極也. 五行之行也, 各一其性. 無極之眞, 二五之精, 妙合而凝, 乾道成男, 坤道成女. 二氣交感, 化生萬物, 萬物生生而變化窮焉. 惟人也, 得其秀而形旣生矣, 神發知矣. 五性感動而善惡分, 萬事出矣. 聖人最靈. 定之以中正仁義, 而主靜, 立人極焉. 故聖人者, 與天地合其德, 日月合其明, 四時合其序, 鬼神合其吉凶. 君子修之吉, 小人悖之凶. 故曰: 立天之道, 曰陰與陽., 立地之道, 曰柔與剛: 立人之道, 曰仁與義. 又曰: 原始反終, 故知生死之說. 大哉易也, 斯其至矣."
53) 『繫辭傳』: "易有太極 是生兩儀 兩儀生四象 四象生八卦 八卦定吉凶 吉凶生大業."

8괘가 아닌 오행五行을 채용한 만큼, 전적으로『주역』에 근거한 것이 아니란 것을 알 수 있습니다. 그는 맹자(BC 371~289)의 인의仁義와 『역전易傳』의 중정中正을 서로 결합하여 성인의 도로 상정하였습니다. 이렇게 다양한 사상적 편린들이 융합되어 있음을 볼 때『태극도설』의 유래에 관해 차후에 좀 더 연구할 필요가 있을 겁니다.

주돈이는『태극도설』에서 무극과 태극이라는 형이상학 및 우주론적인 사상을 상정하고, 사람의 최고경계인 성인의 반열에 오를 수 있는 인극人極의 단계를 중정인의中正仁義로 규정하고 고요함(주정主靜)을 수련적 요소로 삼았습니다.

『태극도설』에서 수양원칙으로 삼은 '주정설主靜說'은 도가적 전통에서 강조한 수행법으로서 그 연원은 노자의『도덕경』으로 소급됩니다. 노자는 고요함을 지키는 것(수정守靜)을 각 개인의 수양원칙으로 삼았을 뿐만 아니라 치국의 근본원칙으로도 주장하였습니다. 그러나 다른 한편에서는 '주정설'을 불교적 영향이라고 보는 경향도 있습니다. 그의 불교사상이 잘 드러나 있는 애련설愛蓮說[54]을 살펴보면 수긍할 수 있습니다.

주돈이의 수련적 경향은 도교 내단수련론과 같이 체계적인 단계

---

54) 주돈이가 말한 「애련설」은 "연꽃은 진흙 속에서 자라지만 물들지 아니하고, 맑고 잔잔한 물속에 빛나지만 요염하지 않으며, (줄기의) 가운데는 비어 있으나 겉모습은 곧아 넝쿨이나 가지도 뻗지 않으며, 향기는 멀수록 맑아 정자 곁에서 고요히 자라니, 멀리서 볼 수는 있으나 가까이 두고 완상할 수는 없다(蓮之出於泥而不染, 濯淸漣而不妖, 中通外直不蔓不枝, 香遠益淸亭亭靜植, 可遠觀而不可褻玩焉)."는 것이 그 내용입니다.

는 설정하지 않았지만, 유교 최고의 경지인 성인이 될 수 있는 길을 군자와 소인이라는 이분법적인 요소로 나누고, 또 다른 저서『통서通書』를 통해 고요함(정靜)으로써 성인이 되는 수양방법을 말합니다.

> "성인聖人은 배워서 될 수 있습니까?"
>
> "물론이다."
>
> "비결이 있습니까?"
>
> "있다."
>
> "청하여 듣고 싶습니다."
>
> "하나(一)가 비결이다. 하나란 사사로운 욕심이 없는 것이지. 사욕이 없으면 마음이 고요히 비게 되어 행동하여도 바르게 된단다. 마음을 고요히 비우게 되면 밝아지고, 밝아지면 달통하지. 행동이 바르면 공변되고, 공변되면 두루 미치게 된단다. 밝게 달통하고 두루 미치게 되면 성인에 가까운 것이지."[55]

주돈이는 성인에 이르는 수련의 비결을 '사사로운 욕심'이 없는 고요하고 텅 빈 마음에 두고 있습니다. 이는 곧 도교 내단학의 수일守一과도 유사합니다. 풍우란馮友蘭(A. D. 1895~1990)은『통서通書』

---

55)『通書』「聖學」第20章: "聖可學乎? 曰, 可. 曰, 有要乎? 曰, 有. 請聞焉. 曰, 一爲要. 一者無慾也. 無慾則靜虛動直. 靜虛則明, 明則通. 動直則公, 公則溥. 明通公溥, 庶矣乎."

의 "적연부동寂然不動은 성誠이고 감이수통感而遂通은 신神이다"[56]
라 한 내용에 주목하고, 이를 "적연부동은 고요하여 텅 빔(정허靜虛)
이고 감이수통은 행동이 바름(동직動直)이다"로 해석하였습니다.

또한 주돈이는 도교 내단수련에서 중요하게 여기고 있는 의념意
念과도 유사한 생각(사思)에 대해서도 논하고 있습니다. 즉 『홍범洪
範』의 "생각은 예지를 말하고, 예지는 성인을 만든다."[57]는 내용을 인
용하면서 다음과 같이 해석합니다.

생각이 없는 것이 근본이고, 생각하여 통하는 것이 작용이다. 기
미幾微가 저쪽에서 동요할 때 성誠이 이쪽에서 동요하여 생각하지
않아도 무불통無不通하게 되면 성인聖人이다. 생각하지 않으면 미
묘微妙에 통할 수 없고 예지가 없으면 무불통할 수 없다. 이러한
즉, 무불통은 미묘함에 통하는데서 생기며, 미묘함에 통하는 것은
생각에서 생긴다. 그러기 때문에 생각은 성인이 되는 공부의 근본이
며 길흉의 기미幾微이다.[58]

'생각이 없는 것'이 성인이 되는 근본이지만, 여기에 도달하기 위

---

56) 『通書』「聖」第4章 : "寂然不動者誠也. 感而遂通者神也."

57) 『洪範』: "思曰睿, 睿作聖."

58) 『通書』「思」第9章 : "無思, 本也. 思通, 用也. 幾動於彼, 誠動於此, 無思而無不通
爲聖人. 不思則不能通微, 不睿則不能無不通. 是則無不通生於通微, 通微生於思. 故
思者聖功之本, 而吉凶之幾也."

해서는 미묘함에 통할 수 있는 생각의 공부단계를 거쳐야 함을 주장합니다. 즉 무불통無不通의 전 단계로서의 생각의 중요성을 강조하였습니다. 도교 내단사상의 "유무론有無論"적 입장[59]에서 볼 때, 유위有爲의 수련에 있어서는 의념작용이 대단히 중요하게 취급되지만 무위無爲의 고급수련 단계에서는 무념무상 즉 적연부동한 텅 빈 마음이 요구됨과 비교할 수 있습니다.

「태극도」와 「무극도」는 『주역』과 도가계열의 영향을 받은 것은 같으나 그 지향점은 순역관계順逆關係라는 뚜렷한 대조를 보입니다. 「태극도」는 우주 발생론적인 입장에서 만사만물의 생성순서를 전개하였고, 「무극도」는 그림의 외향은 큰 차이가 없지만 담겨있는 철학적 내용이 내단사상을 함축하고 있습니다.

그렇다고 「태극도」에 전혀 수련적 요소가 없다고 말하기는 곤란합니다. 왜냐하면 내단수련의 요점은 우주의 본원으로 회귀하는 것이기에 「태극도」의 생성론에서 역향逆向적 관점을 취하면 어느 정도 「무극도」와 같은 수련개념을 함유하기 때문입니다.

황종염은 「태극도」에 대한 고증 결과에서 "주렴계는 그 그림을 얻어 그 순서를 뒤집고, 그 이름을 바꾸어 대역大易에 덧붙이고서 유학

---

59) 도교 내단학에서는 유有와 무無를 대대待對관계로 설정하였습니다. 여기에서 유有는 실유實有이며 무無는 허무虛無, 유가 후천이라면 무는 선천의 개념을 함유하고 있다고 봅니다. 따라서 내단수련은 유에서 무로 되돌아가는, 즉 함이 있는 유위有爲(명공수련命功修煉)의 공법에서 인위성이 없는 무위無爲(성공수련性功修煉)의 수련법을 통해 최초의 근원인 무극의 단계로 복귀하는 것으로 상정하고 있습니다.

자들의 비전秘傳으로 삼았다. 대개 방사들의 비결은 자연을 거슬러 단丹을 만들기 때문에 아래에서 위로 올라갔지만, 주렴계의 의도는 자연에 순응하여 인간의 생성을 논했기 때문에 위에서 아래로 내려갔다."[60]고 하였습니다.

황종염의 주장처럼 「태극도」는 우주의 순행적인 발생 원리를 상정하고 있습니다. 즉 첫째 층은 무극이며, 둘째 층은 태극을 중심으로 좌우에 음양이 대립하고 있는데 좌측은 양陽을 우측은 음陰을 상징합니다. 이때는 진단의 주장처럼 "시이불견視而不見, 청이불문聽而不聞"의 상태입니다. 셋째 층은 가운데 토土를 중심으로 좌변에는 양陽의 성질인 화火와 목木이, 우변에는 음陰의 성질인 수水와 금金이 배치되어 있습니다. 그 아래 별도의 작은 원은 오행五行의 묘합을 뜻합니다. 넷째 층에 있는 원은 하늘과 땅의 두 힘을 남男과 여女로서 상징적으로 표현하였고, 다섯째 층은 태극 및 음양오행의 에너지를 바탕으로 만물이 화생되는 것을 표현하였습니다.

전체적으로 요약하여 다섯 단계로 정리하면 "무극無極 → 태극太極 → 음양陰陽 → 오행五行 → 만물萬物"이라는 도식이 됩니다. 이러한 차서次序는 우주의 생성론적인 관점에서 본 것이죠.

---

60) 『宋元學案』卷12, 「太極圖辨」: "周子得此圖, 而顚倒其序, 更易其名, 附于大易, 以爲儒者之秘傳. 蓋方士之訣, 在逆而成丹, 故從下而上; 周子之意, 以順而生人, 故從上而下."

무극無極과 태극太極의 논쟁점論爭點

주돈이의『태극도설』에는 "무극無極, 태극太極, 인극人極"이라는 3극極이 등장합니다. 첫머리에 무극을 등장시켰지만 태극과 인극에 비해 상세한 해석이 없습니다. 따라서 이 3극의 관계 설정에 있어 애매모호한 점이 발생합니다. 특히 송대 이학理學을 집대성한 주희朱熹(A.D. 1130~1200)는 무극과 태극의 관계를 다음과 같이 규정짓고 있습니다.

> 하늘이 하시는 일(상천지재上天之載)에는 소리도 없고 냄새도 없으나 실은 우주를 생성하는 조화의 중추적 기틀이며, 만물의 근원이다. 그러므로 무극이면서 태극이라 말한 것이다. 태극의 밖에 또 다시 무극이 있다는 것이 아니다.[61]

여기에서 가장 중요한 논점은 '태극의 밖에 또다시 무극이 있는 것이 아니다'에 있습니다. 대개 주자의 설에 의하면 '무극'이란 말은 단지 '없다(무無)'를 표시한다는 것이며, 이 '무無'는 즉 '소리도 없고, 냄새도 없다(무성무취無聲無臭)' '방향과 장소도 없고(무방소無方所)' '형체와 모습도 없다(무형상無形狀)'는 것으로 해석하며, '태극'을 만물

---

61)『周敦頤集·太極圖說』의 "無極而太極"에 대한「朱子註」: "上天之載 無聲無臭 而實 造化之樞紐 品彙之根底也. 故曰無極而太極 非太極之外 復有無極也."

의 근원으로 풀이합니다. 바꾸어 말하면 주자의 설은 사실 '무극'과 '태극'으로 '본체'의 양면을 분별하여 표시하였습니다. 무극無極은 초월의미(즉 본체가 현상계를 초월함)를 나타내고, 태극太極은 창조의미(즉 본체는 또 현상계를 창조함)를 표시한 것입니다. 이와 같다면 '무극이면서 태극이다'라는 말은 사실 초월성과 창조성을 아울러 거론한 것이며, 이 두 용어는 말의 의미상 모두 '존재' 또는 '본체'와는 같을 수 없습니다. 오히려 '존재' 또는 '본체'의 양면에 대하여 서술했을 뿐인 거죠.

주자의 주장대로라면 무극과 태극에 있어서 이 둘의 선후를 말하기는 곤란합니다. 그러나 주돈이周敦頤가 말하고 있는 『태극도설太極圖說』의 다음과 같은 구절을 음미해 보면 주자가 주장하는 것과 다른 점이 보입니다.

오행은 하나의 음양이요, 음양은 하나의 태극이다. 태극은 본래 무극이다.

『周敦頤集』「太極圖說」: "五行一陰陽也, 陰陽一太極也, 太極本無極也."

인용문에서 보는 것처럼 '오행五行' '음양陰陽' '태극太極' '무극無極'은 뚜렷하게 선후가 나누어집니다. 특히 '본本'자에 주목하여 보면, 분명히 태극이 무극에 근본을 두고 있다고 풀이할 수 있습니다. 이처럼 선후가 나누어진다면 『태극도설』의 첫 구절에 있는 '이而'자는 평행관계를 나타내는 접속사가 아니라 반대로 그 아래 문장에 '움직여서 양을 낳는다.' 이하의 세 개의 '이而'자와 똑같이 쓰인 용법이라고 보아야 합니다. 이는 주렴계가 도가철학의 영향을 많이 받았음을 염두에 두고 접근해야 할 문제입니다. 즉 도교 내단사상의 유무론적 입장에서 볼 때, '무극'은 '무無'로서 우주생성의 제일서열이며, '무극'이 변화하여 '태극'이 된 것이죠. 따라서 태극은 이미 '무無'가 아니라 '유有'인 것입니다. 덧붙여 설명한다면 무극은 형체도 없고 형상도 없는 최고의 실체를 말하며, 태극은 가장 큰 통일체이죠. 먼저 무극이 난 후에 태극이 있게 되었다는 것입니다. 결론적으로 말해 무극과 태극의 의미는 다양하게 규정되고 있으나 일반적인 입장은 무극을 일기一氣 이전의 절대 무無의 세계로, 태극을 음양이기로 분화되기 전의 선천일기先天一氣로 보는 것이 타당할 것입니다.

　　이렇듯 주돈이가 주장한 본래의 의도와 주자가 주석하고 하는 내용과는 상당한 거리감이 있습니다. 주돈이는 서두에서도 말했듯이 노자의 영향을 많이 받았다고 했습니다. 우주의 발생론 혹은 생성론과 관련해 본다면 『도덕경』 제42장 중의 다음과 같은 구절을 연상하지 않을 수 없습니다.

　　도道는 일一을 낳고, 일一은 이二를 낳고, 이二는 삼三을 낳고,
　　삼三은 만물萬物을 낳는다.
　　"도생일道生一, 일생이一生二, 이생삼二生三, 삼생만물三生萬物."

이의 발생구조를 논자 나름대로 연역해 보면 "도道는 곧 무극無極이며, 일一은 태극太極, 이二는 음양陰陽, 삼三은 오행五行, 그리고 만물萬物"로 이어지는 구조식을 연관시켜 볼 수 있습니다. 다시 말해 주렴계의 『태극도설』은 우주의 발생론적인 입장에서 사물의 변화를 바라본 것이라 할 수 있습니다.

「무극도無極圖」와
「역용도易龍圖」·
「선천팔괘도先天八卦圖」

「무극도」는 우주생성론과 본체환원론의 과정을 나타낸 도식이라 할 수 있습니다. 즉 상변에서 하변으로 진행되는 과정이 생성론이며 그 반대인 경우가 환원론인 것이죠. 여기에서 진단이 상정한 무극은 『도덕경』에서 제시한 "다시 무극으로 돌아간다. (복귀어무극復歸於無極)"는 개념에서 보다 심화 발전된 철학적 의미를 함축한 무변무제無邊無際한 공간경계의 태허太虛, 즉 우주본체입니다. 바로 진단이 "무극은 태극으로 아직 나누어지지 않은 때의 한 점 태허太虛의 영험한 기氣로, 보아도 보이지 않고 들어도 들리지 않는 바로 이것"이라고 규정한 바와 같이 우주 본체적 궁극의 본원이라 할 수 있습니다.

도교 내단사상의 유무론有無論적 입장에서 볼 때, '무극'은 '무無'로서 우주생성의 제일 서열이며, '무극'이 변화하여 '태극'이 된다고 할 수 있습니다. 따라서 유교에서 우주의 본원으로 규정한 태극은 이미

'무無'가 아니라 '유有'인 것이죠. 다시 말해 무극은 형체도 없고 형상도 없는 최고의 실체를 말하며, 태극은 가장 큰 통일체라 할 수 있습니다. 먼저 무극이 난 후에 태극이 있게 되었다고 할 수 있습니다. 따라서 본 절에서는 진단이 제작한 것으로 알려진 「역용도易龍圖」와 「선천팔괘방위도先天八卦方位圖」를 통해 이러한 논리적 근거를 살펴보고자 합니다.

「무극도無極圖」와
「역용도易龍圖」·「선천팔괘방위도先天八卦方位圖」

앞에서 살펴본 바와 같이 「무극도」에서는 최고경지인 무극으로 돌아가는 과정을 득규(현빈지문) → 연기(연정화기와 연기화신) → 화합(오기조원) → 채약(취감전리) → 탈태(연신환허·복귀무극)라는 5단계로 설정하였습니다. 이러한 논리적 근거는 진단이 도서학파를 개창하면서 제작한 「역용도」와 「선천팔괘방위도」에 예시되어 있습니다.

제2절에서 논술한 바와 같이 「역용도」의 논리 구조를 노자의 "도道는 일一을 낳고, 일一은 이二를 낳고, 이二는 삼三을 낳고, 삼三은 만물萬物을 낳는다."는 관점에 비견한다면 도道는 0을 뜻하는 허虛나 무극無極, 일一은 태극太極의 뜻을 내포한 '천지미합지수도天地未合之數圖', 이二는 천지음양이기天地陰陽二氣가 교류하는 '천지이합지위도天地已合之位圖', 삼三은 선천의 의미를 담고 있는 하도河圖, 만물은 후천을 뜻하는 낙서洛書라 할 수 있습니다. 사실 여기서 삼三과

만물萬物은 시간의 선후를 나눌 뿐 이미 우주가 생성되어 변화과정에 들어간 것이라 할 수 있습니다. 진단이 『정역심법주正易心法注』 32장 "기氣의 수數는 1에서 일어나 2에서 짝하고 3에서 이루어진다. (부기지수夫氣之數, 기어일起於一, 우어이偶于二, 성어삼成於三)"고 했는데, 이는 곧 우주 만물의 물질적 구성은 3이라는 숫자가 기본이 됩니다. 즉, 3수에서 이미 만물이 형성된다는 것을 의미합니다.

이러한 「역용도」의 구도를 도교 내단학의 기본 수련단계인 정기신론에 비교하여 설명한다면, 대우주의 생성과 소우주인 인체의 탄생이 동일한 과정을 통해 발생한다는 전제하에 만물의 생성은 0 → 1 → 2 → 3의 과정을 밟는다고 봅니다. 이와는 반대로 환원론의 관점인 역수성선逆修成仙을 지향하고 있는 내단학에서는 연정화기(정·기·신 3 → 2 기·신) → 연기화신(기·신 2 → 1 신) → 연신환허(신 1 → 0 허)를 수련의 단계로 설정하였습니다. 따라서 진단은 「역용도」의 우주생성론적 관점을 「무극도」의 본체환원론으로 응용하고 있습니다.

「선천팔괘방위도先天八卦方位圖」는 음양이기의 변화에 따른 우주의 생성변화를 나타낸다고 할 수 있습니다. 남북의 건곤괘를 축으로 좌변은 순順이면서 양陽으로 동북의 진괘☳에서 일양一陽이 생하여 정동正東의 리괘☲에 이르러 이양二陽이 일음一陰을 가운데 끼면서 동남東南의 태괘☱에 이르러서는 이양二陽으로 성장하고, 마지막으로 정남正南의 건괘☰에 다 달아서는 삼양三陽으로 극極에 이르는 양기陽氣의 증가과정을 보여줍니다. 우변은 역逆이면서 음陰으로 남서南西의 손괘☴에서 일음一陰이 생하여 정서正西의 감괘☵와 북서

北西의 간괘☶를 거치면서 이음二陰으로 성장하며, 음양陰陽이 극에 달하는 정북正北의 곤괘☷에 이르는 음기陰氣의 성장과정을 나타냅니다. 음양성쇄陰陽盛衰에 따라 이분이지二分二至를 기본으로 24절기와 1년은 물론 하루 중의 음양 변화를 나타냅니다.

『선천팔괘방위도先天八卦方位圖』는 수련적인 측면에서 볼 때『주역참동계周易參同契』의 내단적 영향을 받았습니다.『주역참동계』에서 "건곤은 역의 문호이며 뭇 괘의 부모"[62]라 한데서도 알 수 있듯, 건곤은 모든 괘의 부모이자 남북의 축으로서 체體가 되며 감리로 대표되는 나머지 괘들은 용用이 됩니다. 따라서 천지가 정위定位하여야만 음양에 따른 변화가 일어나는 것으로 설정하였습니다.

하늘과 땅이 자리를 베푸니 역易이 그 가운데서 행하여진다. 하늘과 땅이란 건곤의 상징이다. 자리를 베푼다는 것은 음양이 배합하는 자리이다. 역易이란 감리坎離를 말한다. 감리는 건곤의 두 가지 쓰임이다. 이 두 가지 작용에는 효爻의 자리가 없이 육허六虛를 두루 유행하면서 가고 옴도 정하여지지 않았으며, 위아래 또한 항상 정해짐이 없이 그윽이 잠기고 깊숙이 숨어서 그 가운데서 변화하면서 만물의 속까지 감싸므로 도道의 기강紀綱이 된다. [63]

---

62)『周易參同契』: "乾坤者易之門戶, 衆卦之父母."

63)『周易參同契』: "天地設位, 而易行乎其中矣. 天地者乾坤之象也. 設位者卽陰陽配合之位也. 易謂坎離. 坎離者乾坤二用. 二用無爻位, 周流行六虛, 往來旣不定, 上下亦無常, 幽潛淪匿, 變化於中, 包裹萬物爲道紀綱."

위의 문장에서도 볼 수 있듯 건곤과 감리는 체용體用의 관계입니다. 『주역참동계』에서는 우주 변화원리를 간결한 부호로 나타내고 있는 '역易'에 대해서 항상 변화하는 음양을 대표하는 감리, 즉 수화작용으로 압축하였습니다. 진단 역시 모든 변화작용을 음양의 작용으로 보면서도 음양성쇄陰陽盛衰가 다를 뿐 모든 괘체로 표시되는 기氣가 육허六虛를 유주하고 있다고 보았습니다. 그러면서 중괘重卦의 "초효는 땅이 되고 상효는 하늘이 되며, 2효는 북, 5효는 남, 4효는 서, 3효는 동으로 천지사방을 나타내는데, 모든 괘의 체가 모두 이러한 의미를 지니고 있으니 곧 육허六虛다."[64]고 한 지적에서도 알 수 있습니다.

이는 곧 진단이 오직 순음순양의 건곤괘 만을 진체眞體로 인식하고 나머지 괘는 가합假合된 것으로 정해진 실체가 없는 허환虛幻이라고 한 주장에서도 감리는 변화를 주도하는 실체이기는 하지만 건곤의 쓰임(용用)일 뿐이라는 것입니다. 그러나 감리는 건곤의 여섯 자식을 대표하는 상징적 주체입니다. 진단은 감리괘의 상징성에 대해 다음과 같이 명시하였습니다.

건乾은 하늘로 일음一陰이 건괘의 가운데로 올라와 리괘가 되었는데, 리는 태양으로 본래 하늘의 기氣이다. 곤坤은 땅으로 일양一

---

64) 『正易心法注』제27장 : "初爻爲地, 上爻爲天, 二爻爲北, 五爻爲南, 四爻爲西, 三爻爲東, 天地四方, 每卦之體, 皆具此義, 是爲六虛."

陽이 곤괘의 가운데로 내려와 감괘가 되었는데, 감은 달로 본래 땅의 기氣이다. 태양은 하늘의 기氣로서 서쪽으로 내려와 땅과 교구交媾하며, 달은 땅의 기氣로서 동쪽으로부터 솟아올라 하늘과 교합交合한다. 일월이 낮과 밤을 교착하며 360도를 유주하니 어지럽게 만사가 일어난다. 이러한 360도 유주로 인해 모든 괘가 생긴다. 감리坎離와 일월日月은 천지天地 중의 기氣이다.[65]

감리는 곧 일월이며 수화입니다. 이러한 변화 속에서도 또한 "일월은 체體이며 수화는 용用이라[66]고 부언하기도 합니다. 『선천팔괘방위도先天八卦方位圖』의 좌측은 정동正東의 리괘를 중심으로 양기陽氣의 자람(식息)과 음기陰氣의 쇠퇴(소消)를, 우측은 정서正西의 감괘를 중심으로 음기陰氣의 식息과 양기陽氣의 소消를 시간의 변화에 따라 나타내고 있는데, 바로 음양소식陰陽消息 과정입니다. 진단이 "만물은 음을 지고 양을 안고 있어 어디를 가든 음양 아님이 있겠는가."[67] 라고 파악하였듯이 물질뿐만 아니라 보이지 않는 기氣의 작용까지도 음양으로 대변할 수 있다고 보았습니다.

---

65) 『正易心法注』제14장: "乾天也, 一陰升於乾之中爲離, 離爲日, 則日本天之氣也. 坤地也, 一陽下降坤之中爲坎, 坎爲月, 則月本地之氣也. 日爲天氣, 自西而下, 以交於地. 月爲地氣, 自東而上交於天. 日月交錯一晝一夜, 迴圈三百六十度而擾擾萬事起矣, 是爲三百六十度而諸卦生焉. 坎離'日月, 天地之中氣也."
66) 『正易心法注』제14장: "日月其體也, 水火其用也."
67) 『正易心法注』제41장: "萬物負陰而抱陽, 何適而非陰陽也."

무극도 수면 명상법

「선천팔괘도先天八卦圖」와 「무극도無極圖」의 도출 근거

앞에서도 언급하였듯 진단은 『정역심법주正易心法注』를 통해 복희씨의 선천역학의 회복을 주장하며 선천사도先天四圖를 도출해내었다고 했습니다. 이러한 역학적 도해圖解는 진단의 내단사상을 종합한 「무극도」 제작의 바탕이 되고 있습니다. 이중에서도 특히 「선천팔괘도」가 그 기본이 됩니다.

진단은 「무극도」 중의 채약採藥 단계를 선천팔괘의 건곤괘에 비유하면서 "음양의 기가 순일하여 뒤섞이지 아니한 이것을 건곤"[68]이라 한다며 천도天道에 능통한 사람을 성인聖人, 지도地道에 통달한 사람을 현인賢人의 조건으로 내세웁니다. 여기서 음양의 기가 순일함을 건곤이라 하였는데, 이는 바로 「무극도」에서 제4단계의 수련법으로 활용하고 있는 취감전리取坎塡離를 의미합니다. 즉 후천의 음양이 뒤섞여 있는 감리괘를 선천 순음순양의 건곤괘로 다시 회귀시키자는 것이죠. 괘효로 설명하자면 감괘☵ 중의 가운데 양효를 취하여 리괘☲ 가운데 있는 음효 자리에 채워 넣으면, '명命'적 의미의 리괘는 다시 변화하기 이전의 '성性'적 의미를 함의한 순양의 건괘☰로 되돌아가게 됩니다. 즉 후천의 몸을 선천의 몸으로 다시 회귀시켜서 순양지체純陽之體를 이룬다는 의미입니다. 이러한 취감전리의 전체적인 내용

---

68) 『正易心法注』 제10장(凡陰陽之氣純而不駁, 是爲乾坤. 老子曰: '天得一以淸, 地得一以寧,' 正謂此也. 因知能盡乾之道, 是爲聖人, 能盡坤之道, 是爲賢人)의 내용을 참조하면 알 수 있다.

은 「무극도」의 제4도에 상징적으로 그려져 있습니다.

진단은 순음순양의 건곤괘를 성인과 현인으로 규정하였는데, 여기에서 파생되어 나온 여섯 괘를 일반 범인과 만물에 비유하며 "음양이 뒤섞인 파체破體(여섯 괘)를 단련하여 순체純體(건곤괘)를 이루어야 한다."[69]고 강조하였습니다. 그러면서 "사람은 현명한 자이거나 어리석은 자를 막론하고, 그 자질의 높고 낮음을 나누지 아니하여도 모두 원시元始를 온전히 회복하여 본래의 면목을 꿰뚫어 볼 수 있다."[70]며 수련에 있어 귀천을 두지 않았습니다.

이는 곧 우주의 탄생은 순수한 건곤괘와 같은 상태이나 더 진행되면 육자六子, 즉 태兌 리離 진震 손巽 감坎 간艮 괘卦가 형성되어 변화를 거듭한다는 지적입니다. 소우주인 우리 몸 역시 이와 같으니 육자로 대표되는 감리, 즉 수화를 본래의 순수함으로 돌려 순양지체를 이루어야 한다고 보았습니다. 특히 진단은 음陰을 대표하는 수水의 작용을 다음과 같이 이분화하였습니다.

감坎은 하늘의 수水이자 기氣로서 마치 샘물과 같다. 태兌는 땅의 수水이자 형形으로서 빗물과 같다. 하나의 양효가 두 개의 음효

---

69) 『正易心法注』11장(乾健坤順, 陰陽之純氣也. 一失健順, 則不平之氣作而六子生, 觀畫象可知. 莊子曰 : 陰陽錯行, 天地大駭, 有雷有霆, 水中有火, 乃焚大塊. 正謂此耳! 由是六子, 非聖賢比, 特衆人與萬物而已. 然由破體煉之, 純體乃成)의 내용을 참조 바람.

70) 『玉詮』: "人無論賢愚, 質不分高下, 俱可復全元始, 洞見本來."

속에 빠져 있는 것을 감괘라 하는데, 감은 기로써 만물 중에 은밀히 잠기어 운행하며 명命을 받는 근본이다. 그러므로 만물을 윤택하게 하는 데는 물보다 윤택한 것이 없으며 대개는 윤액潤液 또는 기액氣液이라 한다. 하나의 음효가 위에서 두 개의 양효를 관철하는 것을 태괘라 하는데, 태는 형形으로써 만물 위에서 널리 베풀며 이로움을 주고 있다. 그러므로 만물을 이롭게 하는 것은 연못보다 이롭게 하는 것이 없으며 대개는 설산說散 또는 형산形散이라 한다. 감태坎兌라는 이수二水의 이치가 이와 같이 밝고도 밝다.[71]

진단은 수水의 작용을 건곤의 용수用水인 감수坎水와 태수兌水로 나누어 음양적 의미를 부여하며 설명하였습니다. 이러한 진단의 관점은 "한 몸 한 물건이 팔괘의 이치를 모두 갖추고 있다"[72]고 본 사유체계에서 연유한 것입니다. 즉 팔괘를 소급하면 음양의 대소일 뿐이지만 그렇다고 팔물八物(천天·지地·뇌雷·풍風·수水·화火·산山·택澤)에만 한정할 수 없으며, 만물로 확대 적용할 수 있다는 게 복희 선천 역학의 본뜻이라는 것입니다.

여기에서 보다 구체적으로 들어가면 사상四象으로 분류할 수 있

---

71) 『正易心法注』제13장 : "坎乾水也, 氣也若井是也. 兌坤水也, 形也, 今雨是也. 一陽中陷二陰爲坎, 坎以氣潛行於萬物之中, 爲受命之根本, 故曰潤萬物者莫潤乎水, 蓋潤液也. 氣之液也. 一陰上徹于二陽爲兌, 兌以形普施於萬物之上, 爲發生之利澤, 故曰說萬物者莫說乎澤, 蓋說散也, 形之散也. 坎兌二水, 其理昭昭如此."
72) 『正易心法注』제15장 : "一身一物便具此八卦之理."

는데, 복희팔괘 및 64차서도에 밝혀져 있듯 건괘와 태괘는 태양太陽, 리괘와 진괘는 소음少陰, 손괘와 감괘는 소양少陽, 간괘와 곤괘는 태음太陰이라 했습니다. 여기서 볼 수 있듯 태양과 소음은 모순이면서 양陽이라는 통일체로, 태음과 소양 역시 이러한 관계 속에서도 음陰이라는 통일체로 유주하고 있습니다. 태양이 주主가 되고 소음이 종從이 되는 것을 통칭하여 양陽이라 하고, 태음이 주主가 되고 소양이 종從이 되는 것 역시 통칭하여 음陰이라 합니다. 이는 곧 음陰 중에 양陽이 있고 양陽 중에 음陰이 있음을 보여주는 한 사례일 뿐입니다.

「선천팔괘방위도」를 들여다보면 좌변은 양동陽動으로 소음에서 태양으로 변화 발전하고 우변은 음정陰靜으로 소양에서 태음으로 변화 발전 하는데, 이러한 이면에서는 하도·낙서에서처럼 5와 10이라는 무기토戊己土가 구궁九宮의 중앙에 자리하며 사상을 유기적으로 매개합니다. 이러한 사상과 토土의 역학적 관계를 연역하면 「무극도」의 제3도인 오기조원도五氣朝元圖를 유추할 수 있습니다. 여기서의 오기五氣는 곧 오행五行이죠. 진단이 중괘의 여섯 효를 기혈의 흐름에 빗대어 "초初·상효上爻가 신장이 되고, 이효二爻는 폐가 되며, 삼효三爻는 비장이 되고, 사효四爻는 간장, 오효五爻는 심장이 된다."[73]고 한 것에서도 알 수 있듯 중천건괘重天乾卦처럼 여섯 효가 순일 무잡하다면, 오장 역시 균형을 갖추어 오기조원의 수련목표인 조화가 이루어진다고 보았습니다.

---

73) 『正易心法注』 제3장 : "若一六爲腎, 二爲肺, 三爲脾, 四爲肝, 五爲心."

진단은 이러한 체용 및 주종관계에 따라 다양하게 해석할 수 있는 선천팔괘 중 건곤괘를 우리 인체에 대입하며 "건괘는 머리가 되고, 곤괘는 복부가 되니 천지정위天地定位한 것"[74]이라고 하였습니다. 이는 우리 인체를 앞뒤로 유주하며 백맥을 통괄하고 있는 임독맥任督脈, 즉 연정화기煉精化氣에 해당하는 소주천 수련과 연관 지어 설명할 수 있습니다. 「선천팔괘방위도」의 좌변은 양陽을 대표하는 독맥督脈에 해당되어 인체 배부背部의 하변 미려尾閭에서 협척夾脊과 옥침玉枕을 거쳐 머리의 정문頂門으로 유주하는 것과 같아 진양화進陽火에 비견되고, 「선천팔괘방위도」의 좌변은 음陰을 대표하는 임맥任脈에 해당되어 상작교上鵲橋와 12중루重樓를 유주하며 하단전에 이르는 퇴음부退陰符에 비유할 수 있습니다. 진단은 이와 관련하여 "주천이란 북방의 기氣를 유주시켜 남방으로 돌아가게 하는데 화火로써 수水를 단련하는 것"[75]이라 하였습니다. 이러한 임독맥을 통한 소주천은 「무극도」 제2단계인 연기煉己 중 연정화기煉精化氣에 해당합니다.

「무극도」의 제1단계인 득규得竅는 '현빈지문玄牝之門'을 얻는 데 있습니다. 『도덕경』 제6장에서 "현빈의 문, 이것을 천지의 근본"[76]이라 했는데, 『주역참동계』에서는 "건곤은 역의 문호"[77]라 했습니다.

---

74) 『正易心法注』제23장 : "盖乾爲首, 坤爲腹, 天地定位也."
75) 『陰眞君還丹歌訣注』 : "河車者, 北方氣流南方, 以火煉水."
76) 『道德經』제6장 : "谷神不死, 是謂玄牝, 玄牝之門, 是謂天地根, 綿綿若存, 用之不勤."
77) 『周易參同契』 : "乾坤者易之門戶."

『도덕경』과『주역참동계』에서 말하는 '현빈의 문'과 '역의 문'은 선천팔괘의 부모 괘인 건곤을 본체로 삼고 있음을 볼 수 있습니다. 진단 역시『정역심법주』에서 순음순양의 건곤괘를 가합假合됨이 없는 진체眞體로 인식하면서 오직 천지간의 문을 통해 나머지 여섯 괘로 대표되는 만물이 탄생된다고 보았습니다. 그는 만상을 포괄한 팔괘를 인체에 대입하며 "건괘는 머리가 되고, 곤괘는 복부가 된다."[78]고 했는데, 득규得竅가「무극도」의 5단계 수련 층차 중 첫 단계라는 점을 감안할 때, 현빈지문은 곤괘에 해당되는 복부의 하단전일 가능성이 높습니다. 왜냐하면「무극도」에서 말하고 있는 수련 경지가 높아질수록 하단전에서 중단전과 상단전으로 그 단계를 높여가기 때문입니다.

이상에서 살펴본 바와 같이「복희선천팔괘방위도伏羲先天八卦方位圖」는 대우주의 생성변화를 팔괘에 압축, 시공간의 변화법칙을 나타내고 있습니다. 진단은 이「선천팔괘도」를 인체에 대입하며「무극도」제작의 근거로 삼고 있음을 보았습니다.

---

78)『正易心法注』제23장 : "盖乾爲首, 坤爲腹."

제3장

「무극도_{無極圖}」의

수련단계

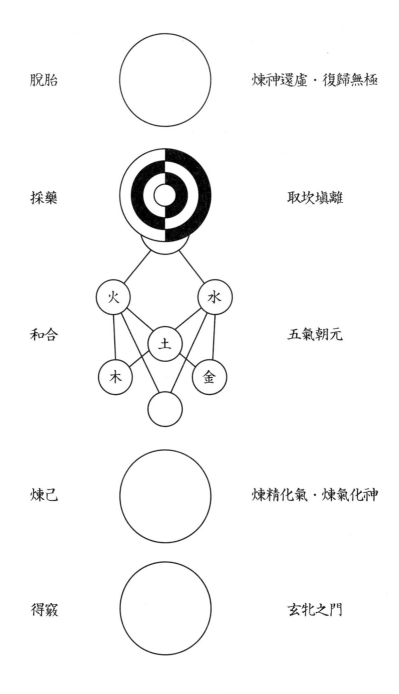

脫胎　　　　　　　　　　　　　　　　煉神還虛・復歸無極

採藥　　　　　　　　　　　　　　　　取坎塡離

和合　　　　　　　　　　　　　　　　五氣朝元

煉己　　　　　　　　　　　　　　　　煉精化氣・煉氣化神

得竅　　　　　　　　　　　　　　　　玄牝之門

무극도無極圖

『송사宋史·은일전隱逸傳』에 "진단은『역易』읽기를 좋아해 손에서 책을 놓지 않았다."고 기록되어 있는 것처럼 역학에 정통한 진단은 앞에서도 언급한 바와 같이 상수역학과 의리역학을 융합하여 〈도서학파圖書學派〉를 주도, 역학의 새로운 물결을 일게 했을 뿐만 아니라 역학사상을 내단內丹 수련에 접목하며, 유·불·도 삼교의 융합을 통해 내단의 이론적 기초를 확실하게 다졌다고 볼 수 있습니다. 진단의 내단 관련 저작 중 그 대표적인 것 중의 하나가 역학에 바탕 한 본체환원론 관점의 「무극도無極圖」입니다.

「무극도」는 〈도서학파〉의 특징이기도 한 내단 이론을 간결한 그림으로써 압축하여 표현한 내단수련의 종합도라 할 수 있습니다. 「무극도」는 그림에서 보는 것처럼 아래에서부터 위로 올라가며 수련경지의 단계를 높여 가는데, 즉 득규得竅(현빈지문玄牝之門) → 연기煉己

(연정화기煉精化氣와 연기화신煉氣化神) → 화합和合(오기조원五氣朝元) → 채약採藥(취감전리取坎塡離) → 탈태脫胎(연신환허煉神還虛·복귀무극復歸無極)의 5단계로 구성되어 있습니다.

「무극도」가 담고 있는 이러한 내단사상은 북송 이후 성명쌍수론이 체계화되면서 다양하게 분화·발전되거나 혹은 축소·폐기된 수련법 등이 나타나 후대로 내려올수록 동일한 내단 용어에 있어서도 함축하는 의미가 달라지는 경향이 많았습니다.

따라서 본 장에서는 진단의 주요 내단 이론 저서들인『지현편指玄篇』81장과『입실환단시入室還丹詩』50수,『조담집釣潭集』등이 일실(실전失傳)된 점을 감안하여 현존하는『진희이태식결陳希夷胎息訣』,『음진군환단가결주陰眞君還丹歌訣注』,『정역심법주正易心法注』,『관공편觀空篇』,『답금려문수答金礪問睡』등을 바탕으로「무극도」의 이론적 배경을 설명하고, 부족한 부분은 그와 수련적 교류를 하며 사우관계를 유지했던 여동빈이 속한 종려학파와 담초의 저술 등을 참고하여 수련의 단계를 논술하고자 합니다. 바로「무극도」제작 당시의 내단 이론을 중심으로 논리를 전개하는 것이 진단이 추구했던 제작목적에 근접할 것으로 생각되었기 때문입니다.

제1절

———

무극도
수련 1단계
— 득규得竅
(현빈지문玄牝之門)

북송시대의 희이선생 진단이 제작한 「무극도」는 도가 내단수련의
단계를 다섯 층차로 설정하였습니다. 수련 1단계는 소우주인 인체가
생명력의 근간인 천지간의 우주 에너지를 받아들이고 배출하는 현빈
지문玄牝之門이라는 출입구를 체득하여 찾아내는 득규得竅의 과정입
니다. 하늘과 땅이라는 뜻을 지닌 현빈은 내단수련에 있어 매우 중요
한 용어이자 개념입니다.

최초로 현빈의 개념을 도입한 노자는 『도덕경道德經』 제6장에서
"곡신을 잘 기르면 죽지 않으니, 이를 일러 현빈이라 합니다. 현빈의
문, 이를 천지의 기운이 들고나는 근원이라고 합니다. 호흡이 이어지
고 이어짐이 마치 있는 듯 없는 듯 하게 하고, 그 천지음양의 기를 활
용하는 데 억지로 힘쓰지 않아야 합니다. (곡신불사谷神不死, 시위현빈
是謂玄牝, 현빈지문玄牝之門, 시위천지근是謂天地根, 면면약존綿綿若存,

용지불근用之不勤)"

천지간의 허공에 무한하게 존재하는 미물질 상태의 정기가 들고
나며 만물이 변화하고 생성하는 데 쉼이 없는 것을 현빈으로 보았습
니다. 이어 동한 시대의 하상공河上公(A. D. 2세기 후반, 동한 말)은 현
빈의 의미를 소우주인 인체로 끌어들이며 코(현玄)와 입(빈牝)으로 상
정, 호흡과 섭생을 생명 유지의 근간으로 보았습니다. 하상공은 이에
대해 다음과 같이 주석을 하고 있습니다.

"곡은 길러냄이다. 사람이 능히 신을 기른 즉 죽지 않는다. 신이
란 오장의 신이니, 간에 혼, 폐에 백, 심장에 신, 신에 정, 비에 지 등
이 갈무리되어 오장이 상하여 다하면 오신이 떠나간다. 불사의 도
가 현빈에 있나니 현은 하늘이요 사람에게서는 코가 되고, 빈은 땅
이라 사람에게서는 입이 된다. 하늘의 오기를 코로 들여 심장에 갈
무리하니 오기가 깨끗하고 정미하면 정신이 총명하고 음성 및 오성
의 그 귀鬼는 혼이라 한다. 혼은 수컷(웅雄)이라 코로 출입하며 하
늘과 통하니 코가 현이 된다. 땅의 음식 오미(달고, 쓰고, 짜고, 맵
고, 시고)는 입으로 들어와 위에 갈무리되며, 오미는 탁욕한 형해 골
육 혈맥 육정 등이 되니 그 귀를 백이라 한다. 백은 암컷이라 입으
로 출입하여 땅과 통하므로 입은 빈이 되는 것이다. 근은 근원이
다. 코와 입은 천지의 원기가 왕래 상통하는 문이다. 코와 입으로
하는 호흡은 마땅히 면면히 가늘게 하여 있는 듯 없는 듯해야 한
다. 기를 마땅히 느리게 하여야지 너무 빠르거나 급하게 힘쓰지 말

아야 한다."[79]

이렇게 규정한 현빈에 대한 해석은 후대로 올수록 다양한 의미로 해석되기도 합니다. 진단에 앞서 내단수련론을 본격 도입한 종려학파의 개창자이자 도교 8선 중의 한 사람인 종리권은 현빈을 좌우 신장으로 설정하고, 부모로부터 받은 '선천진일지기先天眞一之氣'가 정과 기로 분화된 후 좌우의 양 신장에서 운용되며 생명력을 유지하는 것으로 파악하였습니다. 『종려전도집鍾呂傳道集·논조원論朝元』에 이러한 논지가 기록되어 있습니다.

"정과 기가 분화되기에 이르면 먼저 두 신장이 생긴다. 하나의 신장은 좌측에 위치하는 '현玄'이 되는데, 그 현은 기를 생성하여 위로 간에 전달한다. 또 다른 하나의 신장은 우측에 위치하며 '빈牝'이 되는데 액液을 납입하여 아래 방광에 전달한다. 현빈은 본디 허무 중에서 와서 무위로서 존재하니 곧 부모의 진기인데, 순음의 기를 납입한다. 그러므로 말하기를 '곡신은 죽지 않으니 이를 현빈이라

---

79) 谷, 養也. 人能養神則不死, 神謂五藏之神: 肝藏魂, 肺藏魄, 心藏神, 腎藏精, 脾藏志. 五藏盡傷, 則五神去矣. 言不死之道, 在於玄牝. 玄, 天也, 於人爲鼻. 牝, 地也, 於人爲口. 天食人以五氣, 從鼻入藏於心. 五氣淸微, 爲精神聰明, 音聲五性, 其鬼曰魂, 魂者雄也, 主出入人鼻, 與天通, 故鼻爲玄也. 地食人以五味, 從口入藏於胃. 五味濁辱, 爲形骸骨肉, 血脈六情. 其鬼曰魄, 魄者雌也, 主出入人口, 與地通, 故口爲牝也. 根, 元也. 言鼻口之門, 乃是通天之元氣所從往來也. 鼻口呼噏喘息, 當綿綿微妙, 若可存復若無有. 用氣當寬舒, 不當急疾勤勞也.『老子道德經河上公章句』

한다."[80]

고 했습니다. 현빈의 문은 천지의 근원에 비유할 수 있으며, 현빈은
양 신장이라고 한 것입니다. 여기서 양陽적인 의미를 함유하고 있는
현을 좌양의 좌신으로 배치하고, 음陰적 의미를 담고 있는 빈을 우음
의 우신에 배당하였는데, 이러한 것은 동양의학의 최고 경전인『황제
내경黃帝內經』을 근간으로 한 동양의학 사상과 아주 밀접한 연관을
맺고 있음을 보여주는 것입니다.『종려전도집』곳곳에서 오장육부와
관련한 전통의학 이론이 응용되고 있음을 보아도 그렇습니다.

　　종려학파의 핵심 인물이면서 진단과 밀접한 연관을 맺었던 여동
빈은 곡신谷神과 현빈의 연관성을 강조하고 있는데, 그의 저작인『곡
신가谷神歌』에 잘 드러나 있습니다.

　　나의 배 속에 텅 빈 곡실谷室이 있네, 길이 있다고 말하면서 또한
　　없다고 하네. 없다고 말하면서도 저버릴 수 없고, 있다고 말하면서
　　도 머물 수 없네. 골짜기여! 골짜기여! 너무나 현묘하구나. 신이
　　여! 신이여! 참 대도로다. 보호하고 지켜가니 불사의 이름이며, 닦

80)『鍾呂傳道集·論朝元』: "及精氣旣分而先生二腎, 一腎在左, 左爲玄, 玄以生氣而
　　上傳于肝. 一腎在右, 右爲牝, 牝以納液而下傳膀胱. 玄牝本乎無中來, 以無爲有, 乃父
　　母之眞氣, 納于純陰之氣, 故曰 '谷神不死, 是謂玄牝'. 玄牝之門, 可比天地之根. 玄牝,
　　二腎也."

아가고 단련하니 신선의 명호로다. 신은 하나(一)를 얻음으로써 신령스럽고, 골짜기는 하나를 얻음으로써 가득 차는구나. 만약 사람이 하나를 지킬 수 있다면, 다만 이것이 바로 장생법이라네. 장생은 본디 멀리에 있지 않아 몸을 떠나서는 보이지 않네. 단련하여 공을 이룬다면 자연스럽게 모든 뼈가 변한다네. 곡신이 죽지 않으니 현빈의 문이라네.[81]

인용문에서 보는 바와 같이 여동빈은 현빈의 존재를 특정 부위로 지칭하지는 않았지만, 사람의 배 속에 있는 듯 없는 듯하다고 규정하면서 그곳에서 득일得一하여 수일守一할 수만 있다면 환골탈태하여 장생할 수 있다고 피력하고 있습니다. 종리권이 제시한 양 신장에 있다고 한 것과는 사뭇 다름을 볼 수 있습니다. 여동빈의 주장은 곡신이 천지가 생겨난 근원이라면 우리 인체 내에 존재하는 현빈은 생명의 근원인 진종자眞種子, 즉 선천진일지기先天眞一之氣를 찾을 수 있는 관문과 같다고 주장하는 것으로 보입니다. 다시 말해 '현빈의 문', 즉 '현빈일규'가 열려야만 다음 단계의 수련에 임할 수 있다고 본 것이죠. 여동빈은 『오도시悟道詩』에서 "조화의 문을 전하여 주니, 비로소 희이希夷의 법도를 깨달았다."고 한 데에서 알 수 있듯 현빈은 수련 과정

---

81) 『呂祖全書·谷神歌』: "我有一腹空谷室, 言之有道又還無. 言之無兮不可捨, 言之有兮不可居. 谷兮谷兮太玄妙, 神兮神兮眞大道. 保之修之不死名, 修之煉之神仙號. 神得一以靈, 谷得一以盈. 若人能守一, 只此是長生. 長生本不遠, 離身還見. 煉之功若成, 自然凡骨變. 谷神不死玄牝門."

에 있어서 상당히 중요한 위치를 점유하고 있습니다.

그렇다면 현빈을 통해 들고나는 곡신에 대한 견해를 좀 더 알아보겠습니다. 영혼불멸靈魂不滅을 믿는 사람이라면 도덕경에서 말한 곡신불사谷神不死가 곧 영혼불멸임을 알 수 있을 것입니다.

한대에 유행한 황로학파의 '무위치국無爲治國·청정양생淸靜養生'의 관점에서 노자의 『도덕경』을 해석한 하상공은 곡신에 대해 "곡은 길러냄이다. 사람이 능히 신을 기른 즉 죽지 않는다. 신神이란 오장의 신이니, 간에 혼, 폐에 백, 심장에 신, 신에 정, 비에 지志 등이 갈무리 되어 오장이 상하여 다하면 오신이 떠나간다."고 하였습니다.

현학적인 성격이 짙은 왕필은 주석에서 "곡신은 골짜기 가운데의 텅 빔이다. 형태도 그림자도 거스름도 어긋남도 없이 낮은 곳에 임하여 움직이지 않고 고요함을 지켜 쇠퇴하지 않으니 만물을 생성케 하여도 그 형체를 드러내지 않는 지극한 물건"이라고 하였습니다.

장백단은 그의 저서 『오진편悟眞篇』에서 "곡신이 항상 죽지 않음을 얻으려면 반드시 현빈을 의지하여 근기를 세워야 한다. 진정眞精이 이미 황금 집으로 돌아오면 한 낱알의 영명한 빛이 영원히 떠나지 않는다."고 하였습니다.

이에 대해 유일명은 『오진편』의 주석서인 『오진직지悟眞直指』에서 "곡신은 선천의 허무한 일기이니, 성태라 하는 것이 이것이다. 이 기운은 색도 아니오, 공도 아니며 즉 색이고 즉 공이니, 황홀하고 아득하고 어두운 가운데 있어 보아도 보이지 않고, 들어도 들리지 않으며 잡아도 얻지 못하니, 곧 도심과 인심의 경계다. 진지와 영지의 뿌리이며, 강한 정과 부드러운 성의 근본이다. 하늘을 생하고 땅을 낳고 사람을 생하니 유교에서는 '태극'이요 '지선'이며 '지성'이라고도 하며, 불교에서는 '원각圓覺'이고 '법신法身'이며 '사리砂利'라고도 한다. 도교에서는 '금단'이고 '성태'며 '곡신'이라고 하니 그 실상은 사람 본래의 양지와 양능의 빈 골짜기의 허령의 신이다. 이 곡신이 후천에 떨어져 음양이 나누어짐에 거짓된 것이 일을 주도하고 참된 것이 지위에서 물러나니 곡신이 묻히고 감추어져서 죽은 것과 같다. 금단金丹을 수련하는 자는 반드시 이 곡신을 살려야 한다. 곡신을 살리려면 먼저 반드시 음양을 조화시켜야 한다. 음양이 화합치 못하면 곡신은 맺어지지 못한다. 현은 양이니 강건한 정이 이것이며, 빈은 음이니 유순한 성이 이것이다. 강한 것도 있고 부드러운 것도 있으면 곡신은 장생불사의 근기를 세울 수 있다. 대개 곡신은 강하고 부드러운 것의 중정한 양현(상현上弦과 하현下弦)의 기운이 교합해서 이루어진 것이다. 양현이 교합되면 황홀하고 아득하고 어두운 가운데 물건이 있으니 이것을 진일眞一의 정精이라 한다. 진일한 정은 곡신의 별명이다. 단련을 거치지 않으면 홀연히 있다가 홀연히 없어지는데 이것을 진정이라 하며, 이미 단련되어 있으면 응결하여 흩어지지 않는데 이를 곡신이라 한다. 진정이 이미 황금실로 돌아오면 정일한 것이 가운데로 돌아와 곡신이 응결된다."라고 하였습니다.

또한 남송의 백옥섬白玉蟾(A.D. 1194~1229)은 『자청오론紫淸五

論』에서 "곡谷은 천곡이다. 신神은 한 몸의 원신이다. 하늘의 골짜기는 조화와 허공을 포용하고 있으며, 땅의 골짜기는 만물과 산천을 싣고 있다. 사람과 천지는 함께 품부 받았으며 또한 골짜기에 있다. 그 골짜기는 진일眞一을 함장하고 있으며 원신이 머문다. 이로써 머리에는 구궁(사람의 인체 중에 신령한 기운이 머무는 곳으로 명당明堂·동방洞房·단전丹田·유주流珠·옥제玉帝·천정天庭·극진極眞·현단玄丹·태황太皇 등 아홉 곳을 말합니다)이 있으며 위로는 구천과 응한다. 중간에는 하나의 궁이 있는데, 니환이라고 하며 또는 황정, 곤륜, 천곡 등 그 명칭이 다양한데 원신이 머무는 궁이다. 그곳의 공간은 마치 골짜기와 같아 신이 머무는데 그곳을 곡신"이라고 주장하고 있습니다.

다시 현빈에 대한 이야기로 넘어가 보죠. 「무극도」를 제작한 진단의 현빈에 대한 견해는 앞의 종리권이나 여동빈에 비해 더욱 구체적이면서 보다 중요한 수련의 관문으로 인식하고 있습니다. 진단은 「무극도」의 상하단에 위치한 ○의 그림을 "무시무종無始無終", 즉 시작도 없고 끝도 없는 원(○)이라는 무극개념으로 활용하고 있는 것으로 보입니다. 다시 말해 현빈지문에서 역으로 거슬러 가면 무극이고, 무극에서 앞으로 나아가면 현빈의 문이 나타난다는 개념이 성립될 것으로 보입니다. 이와 관련하여 도우道友였던 담초의 저서인 『화서化書』를 들여다보면 이러한 사실은 더욱 명백해 집니다.

허虛가 신神으로 변화되고, 신이 기氣로 변화되며, 기가 혈血로

92　　　　　무극도 수면 명상법

변화되고, 혈이 형形으로 변화되며, 형이 갓난아이로 변화되고, 갓
난아이가 어린아이로 변화되며, 어린아이가 소년으로 변화되고, 소
년이 장년으로 변화되며, 장년이 노인으로 변화되고, 노인은 죽음
으로 변화한다. 죽음은 다시 허로 변화되고, 허는 다시 신으로 변
화되며, 신은 다시 기로 변화되고, 기는 다시 만물로 변화된다. 변
화하고 변화함에 빈틈이 없으니 둥근 고리와 같이 끝이 없기 때문
이라.[82]

위에서처럼 담초는 우주의 순환 원리가 마치 둥근 반지와 같이 끝
이 없이 돌고 도는 것으로 생각하고 있었습니다. 그렇기 때문에 모든
것은 차별이 있을 수 없으며 모두가 자기의 근본으로 돌아갈 수 있다
고 보았던 것입니다. 진단은 『옥전玉詮』에서 보다 명확한 관점을 제
시하고 있습니다.

"사람은 현명한 자이거나 어리석은 자를 막론하고, 그 자질의 높
고 낮음을 나누지 아니하여도 모두 원시元始를 온전히 회복하여
본래의 면목을 꿰뚫어 볼 수 있다. 그렇기 때문에 어린아이의 모습
을 잃지 않으면 한결같이 참된 호연지기가 현빈의 문에서 현묘한
기로 돌고 돌며, 삼품三品의 빛 속에 태극의 상서로움이 서려 선천

---

82)『化書·死生』:"虛化神, 神化氣, 氣化血, 血化形, 形化嬰, 嬰化童, 童化少, 少化
壯, 壯化老, 老化死. 死復化爲虛, 虛復化爲神, 神復化爲氣, 氣復化爲物. 化化不間,
由環之無窮."

은 낳고 후천은 존재하게 하는 것이다."[83]

진단의 내단 사상을 기록하고 있는 『옥전』에서는 삼품三品을 '외삼품'과 '내삼품'으로 구분하고 있는데, 여기서는 무형무색의 내삼품을 의미하고 있습니다. 내삼품은 오직 태허에서만 꽃이 필 수 있다고 설명하고 있습니다.

이러한 것은 현빈의 문을 통해서 생명을 받을 수 있으며, 그 문이 열려야 만이 무극으로 존재하는 본래 면목을 볼 수 있다는 것입니다. 여기에는 어린아이와 같이 순진무구해야만 이러한 현빈의 문이 열릴 수 있다는 전제가 깔려 있습니다. 따라서 진단은 이 현빈의 문을 열기 위해서는 오직 마음을 통해 자신을 닦아야 함을 강조하고 있습니다. 그는 『옥전』에서 다음과 같이 말하고 있습니다.

그러므로 현빈을 닦는 데에는 별다른 방법이 있는 게 아니라 오로지 마음을 고요히 한 생각도 일지 않게 하여 몸을 낳고 명을 받은 곳을 몸소 알아내서 북돋아 기르고, 붙들어 심으며, 보호할 뿐이다.[84]

---

83) 『玉詮』: "人無論賢愚, 質不分高下, 俱可復全元始, 洞見本來. 所以然者, 童相未灘, 一眞浩然, 玄牝一穴, 妙氣回旋, 三品光中, 潛符太極, 先天而生, 後天而存."
84) 『玉詮』: "故修玄無別法, 只須冥心太無, 體認生身受命之處, 而培養之, 扶植之, 保護之而已."

진단의 수련론 전반에서 주장하고 있는 마음의 중요성은 내단수련의 양대 산맥이라 할 수 있는 남파나 북파에도 심원한 영향을 미쳤다고 볼 수 있습니다. 선명후성先命後性을 주창한 남파의 개산조 장백단의 대표적인 저서『오진편』의 중점 내용이 '연정화기煉精化氣'의 전통적인 명공命功수련을 주장하는 것이라 한다면,『청화비문』은 명공수련 이전의 연기축기의 공법과 명공수련 후의 연신환허라는 성공수련의 비밀을 다양하게 논술하고 있습니다. 연기축기煉己築基는 물론 연신환허煉神還虛의 큰 요지는 '심心'과 '제심制心'에 있다고 본 겁니다. 그렇기 때문에『청화비문』에서는 마음인 심心을 군주로 삼고, 신神을 주체로 삼으며, 기를 쓰임인 용用으로 삼고 정은 기를 따르고 의념을 매개체로 한다고 논설하고 있습니다. '심心·신神·기氣·정精·의意'의 5대 요소를 볼 때 실제로 '심·신·의'는 모두 심리적인 범주 내에 있습니다. 그래서 수련 시에 비록 정精으로써 기초로 삼고, 기氣를 동력으로 하고, 신神을 주재자로 여기나, 실제상에서는 마음인 심心에서 일어나며 심으로 조절하여 다시 심으로 복귀하는 것입니다.

장백단은『오진편』에서 "먼저 신선명맥으로써 그 수련으로 꾀하고, 다음 모든 불도의 오묘한 쓰임으로써 그 신통함을 확대하고, 마지막에는 진여각성으로써 그 환영과 망상을 버려 마침내 텅 빈 적요의 본원으로 돌아가는 것"이라고 하였습니다. 여기에서 선先 차次 종終의 3개 층차를 제시하였는데, 모두 마음의 다양한 층차에서 발생한 것이죠. 선성후명先性後命을 주창한 북파의 개산조 왕중양은 마음의 본원인 원신의 단련을 우선으로 하고 있습니다. 왕중양은『오편

영문왕중양주五篇靈文王重陽注』에서 "성性은 원신元神이며 명命은 원기元氣로 이름하여 성명이라 한다."고 하였으며, 또한 "손님은 명命이며 주인은 성性"이라고 주장하였습니다. 그는 성性은 즉 원신元神이며 이것은 선천의 영성본체이고, 명命은 원기元氣이며 이것은 선천의 생리기초라고 하여 신神의 문제 상에서 볼 때 신주형종神主形從의 사상을 견지하고 있습니다. 그는 또한 "심心의 본체는 도道이며 도는 즉 심이다. 심을 벗어나 도는 없으며 도 밖에서 심은 없다."라고 제시하고 있습니다.

진단이 이와 같은 현빈지문을 수련의 제1단계로 상정한 것은 성명쌍수에 있어 성공수련의 중요성을 보다 강조한 것처럼 보일 수 있습니다. 그러나 '환동'의 조건에는 마음뿐 아니라 '어린아이와 같은 몸(동지질童之質)'도 요구하고 있음을 볼 수 있습니다. 따라서 「무극도」에서 주장하고 있는 수련 조건은 축기가 이루어진 상태에서 접근할 수 있는 고도의 수련체계일 수 있다는 겁니다. 진단은 『옥전』에서 어린아이와 같은 자질을 다음과 주장합니다.

오직 이와 같은 어린아이의 자질로 돌아가야 만이 비로소 선인仙人과 범인凡人의 한계를 판단하는 것이다. 선仙이 마음에 있으니 마음을 수양하지 않고는 어린아이로 돌아갈 수 없다. 그 이치가 현빈에 깃들어 있으니, 현빈을 깨닫지 않고는 어린아이라 말하기 어렵다. [85)]

고 지적한 내용에서도 잘 알 수 있습니다.

그는 '환동', 즉 어린아이와 같은 마음과 자질의 회복을 강조하고 있습니다. 즉 선인과 범인을 가름할 수 있는 기준이 어린아이와 같은 마음에 있기 때문입니다. 또한 그 마음은 곧 현빈에 깃들어 있다고 파악하고 있습니다. 진단은 이러한 어린아이의 성립조건을 다음과 같이 전제하고 있습니다.

혼돈에 빠진 듯 알지도 못하고 인식하려 하지 않는 것을 어린아이의 체體라 한다. 태허하여 인위적인 함이 없으니 막힘도 없고 탐착도 없는 것을 어린아이의 용用이라 한다. 봄바람과 가을 달빛에도 조화의 열매를 맺을 수 있는 것을 어린아이의 품品이라 한다. 순수하고 화목하여 한 오라기의 때도 없이 하는 것을 어린아이의 량量이라 한다.[86]

인용문에 명시되어 있는 것처럼 환동의 조건을 동체童體·동용童用·동품童品·동량童量으로 세분하고 있습니다. 즉 마음과 몸 수련을 통해 어린아이와 같은 순진무구함을 회복하여야 진정한 신성의 세계인 진선眞仙이 될 수 있는 관문으로 들어설 수 있다고 본 것입니다.

---

85) 『玉詮』: "惟其還此童之質, 始得判仙凡界限. 仙在心, 心失養便非童. 理寓玄, 玄不悟難云童."

86) 『玉詮』: "渾渾淪淪, 不知不識者, 童之體也. 太虛無爲, 莫滯莫着者, 童之用也. 春風秋月, 藹乎可親者, 童之品也. 純純穆穆, 毫垢胥捐者, 童之量也."

이러한 것은 유불도 합일을 시도한 진단이 불교의 관심법觀心法을 내단수련에 끌어들이고 있음을 단적으로 보여주는 것이라 할 수 있습니다. 즉 몸의 주인인 마음을 구규에 운용하여 현빈일규를 열어 볼 수 있도록 항상 심신의 안정을 유지하라는 것이라는 겁니다. 그러면서 또 주장합니다.

몸 가운데 아홉 구멍(구규九竅)의 신령을 어찌 부르지 않겠는가? 부를 때는 그 이름만을 부르는 게 아니라 반드시 시시때때로 불러 구규를 보호하도록 하는 것이다. 눈은 항상 드리워 원광元光이 있도록 하고자 함이고, 코는 항상 눌러 닫아 양광陽光이 머물게 하고자 함이며, 귀는 항상 닫아 지광智光이 서리게 하고자 함이고, 입은 항상 굳게 닫아 혜광慧光이 있게 하고자 함이다. 손은 항상 연마하여 진광眞光이 서리게 하고, 발은 항상 거두어 들여 정광靜光이 머물게 하고자 함이다. 이와 같이 구규는 밖에서 그 빛을 내는데, 삼품은 몸 내부에서 확고히 단속해야 한다. 안에서 확고해지면 밖으로 빛나는 것이다. [87]

우리 몸에 있어 정보의 입출력기관인 눈·코·귀·입 등의 아홉 구멍을 밖으로 향하게 하는 게 아니라 안으로 수렴시켜 회광반조回光

---

87)『玉詮』: "身中九靈何不呼之, 呼者非呼其名, 須時時呼護之. 目欲常垂有元光也. 鼻欲常按有陽光也. 耳欲常閉有智光也. 口欲常緘有慧光也. 手欲常摩有眞光也. 足欲常斂有靜光也. 如是九竅生於外三品, 固於內. 內固則外榮."

返照(선종의 용어로 자신의 내면세계를 돌이켜 반성하여 진실한 자신, 즉 불성을 발견하는 것을 의미한다.)할 뿐만 아니라 사지인 수족을 고요히 단좌端坐 시켜 안으로 단단하게 단속해야만 생명의 근원 문인 현빈일 규를 열 수 있다는 겁니다. 이는 성性과 명命 어느 한 곳에만 치중해서는 수련의 첫 관문인 현빈의 문도 열어볼 수 없음을 강조한 것으로 보입니다.

진단의 영향을 받은 것으로 알려진 도교 남종의 개창자 장백단(A.D. 984~1082) 역시 『오진편』에서 "곡신이 영원히 죽지 않으려면 반드시 현빈을 의지하여 근기를 세워야 한다. 진정眞精이 이미 황금 집으로 돌아오면 한 낱알의 영명한 빛이 영원히 떠나지 않는다."고 주장한 것에서도 알 수 있듯 진단의 전후 시대에 있어서 현빈은 내단수련의 중요 관문으로 인식되어지고 있음을 볼 수 있습니다.

송원시대 내단학이 본격적으로 확립되면서 현빈은 또 다른 명칭인 현관玄關으로 불리면서 내단가들에게 아주 중요한 문제로 대두되었습니다. 현관은 후천에서 선천으로, 유위에서 무위로, 유한에서 무한으로, 부분에서 전체로, 상대적인 것에서 절대적인 것으로, 범인에서 성인으로, 즉 보통 사람이 신선을 이루기 위해서 가장 중요한 화두가 된 것이죠. 이러한 현관일규는 크게 일정한 위치가 정해진 정위설과 그렇지 않은 부정위설로 나뉩니다.

먼저 정위설에서는 앞에서도 보았듯 하상공은 현관, 즉 현빈에 대해 코와 입(비구鼻口)을, 『종려전도집』에서는 두 신장(양신兩腎)을, 백옥섬(A.D. 1194~1229)은 음양이기를, 이 밖의 또 다른 주장들은 황정설黃庭說, 단전설丹田說, 두 콩팥의 중간부위, 또는 여성의 음호설陰戶說 등 다양하게 전개되고 있습니다.

다음으로 부정위설에서는 현관일규는 신체상의 특정한 부위가 아니라 원신元神, 허무虛無 등과 같이 고도의 수련단계가 아니면 알 수가 없다고 주장합니다. 장백단과 진치허(A.D. 1289~?), 태극권을 창안한 장삼봉張三丰, 단정서파丹鼎西派의 창시자(이함허李涵虛), 유일명(A.D. 1734~1821) 등이 그렇습니다.

이들의 주장을 세 가지로 정리해 보면, 첫째 현관일규는 인체 내의 구체적인 혈위穴位가 아니라 무형무상으로 일정한 수련 정도에서만 알 수 있다는 겁니다. 둘째, 현관일규는 '허무'나 '선천일기' 등과 밀접한 관련을 갖으며, 그것은 '허무 중에서 생하며' 이 현관의 채약은 후천인체의 음양과 선천의 본체가 상응하는 임계점의 상태라야만 가능한 것이라는 것이죠. 셋째, 현관일규는 '유有'와 '무無'의 사이로 신과 기가 교합할 때의 영명한 빛이며, 생리적인 것과 심리적인 상호작용의 중간상태로 압축할 수 있습니다.

이렇게까지 발전한 현빈에 대한 개념을 염두에 둔다면 앞서 공령굉이 언급한 대로 「무극도」는 선성후명의 성격이 짙다고 할 수도 있습니다. 진단의 재전제자인 진경원 역시 현빈에 대해 성공수련과 같은 높은 단계로 인식하고 있기 때문입니다. 그의 현빈에 대한 주장을 살펴보면 다음과 같습니다.

"그러므로 형신구묘해야 비로소 도와 같아지는 것이다. 사람에게 몸과 신이 있으면 생사가 있게 된다. 생사가 있다는 것은 도라고 말할 수 없으며 흘러 움직임이 무상하니 어찌 고요함을 얻었다고 말할 수 있겠는가? 만약 그 형과 신을 텅 비워 그 물아를 잊어버리면 이로써 무근(선천원기先天元氣)을 벗어나 기가 모여도 생이라 여기지 않고, 구규가 없는 곳으로 들어가 기가 흩어져도 죽음이라 여기지 않는다. 죽지도 않고 태어나지도 않는 것이 곡신이며, 생사에 얽매이는 것은 부유하며 움직이는 물건이다. 그윽하고 깊은 곳에서 암수가 교구하며 움직이지 않는 그것을 현빈이라 한다."[88]

고 피력하고 있습니다. 즉 진경원은 현빈을 암수가 교구하는 「무극도」 제4단계인 취감전리와 같은 층차로 인식하고 있다고 봅니다.

이상에서 살펴본 것처럼 현빈지문은 내단수련의 첫 단계이지만 최고단계인 무극으로 환원할 수 있는 중요한 관문으로 보입니다. 그러나 이러한 현빈은 「무극도」 제작 당시 내단 사상의 기조를 감안하거나 『옥전』 내의 진단과 관련한 전체적인 내용을 살펴볼 때 수화이기가 교회하는 하단전일 가능성이 높다고 할 수 있습니다. 그래야만 다음 단계인 연정화기煉精化氣로 이어지기 때문입니다.

---

88) 『道德眞經藏室纂微篇』권1 : "故形神俱妙者, 方與同道也. 夫人有身有神, 則有生有死. 有生有死, 不可言道也, 流動無常, 豈得言靜也. 若乃空其形神, 忘其物我, 是以出無根故氣聚, 不以爲生 ; 入無竅故氣散, 不以爲死. 不死不生, 其谷之神也, 生死無常, 其浮動之物也. 幽深雌雄, 湛然不動, 其玄牝之謂也."

제2절

———

무극도

수련 2단계

— 연기煉己

(연정화기煉精化氣·

연기화신煉氣化神)

「무극도」의 첫 단계인 현빈지문을 얻어(득규得竅)야 다음 단계인 연정화기에 임할 수 있습니다. 연정화기와 연기화신에 내포되어 있는 정精·기氣·신神은 선진시기부터 중요한 철학 범주로 취급되어 왔습니다. 이는 각 학파가 추구하는 성향에 따라서 이해와 그 응용에 있어서도 다양한 특색을 보입니다. 특히 도가와 밀접한 관련을 맺고 있는 의학계에서는 양생의 기본개념으로 설정하기도 하였습니다.

내단학에서 말하고 있는 정精은 당연히 사람의 생식의 정액精液만을 의미하는 건 아닙니다. 정액은 다만 후천적인 일종의 생리 물질이며 신선이 되는 성선成仙 또한 후천적인 생리 물질로는 초월성의 기초를 찾아 이룰 수가 없습니다. 내단학에서의 정은 여러 가지 뜻을 내포하고 있으며, 그 가장 근본적인 의미는 인체 내의 물질과 에너지의 정화성분을 말하는 것입니다. 생식의 정이라 말할 수 있는 것도 이 정화 성분속의 일부분이죠. 때문에 내단학에서의 정이 비록 정액을 뜻하는 것은 아닐지라도 그것과 밀접한 관계는 있답니다. 내단학에서의 '음정과 양정', '선천의 정과 후천의 정', '원정과 교감의 정' 등의 구분은 정의 다양한 층차를 분별하는 것이라 할 수 있습니다. 또한 기는 사람의 정신 의식과 육체 존재의 교량 역할을 하는 통로이고, 정신이 육체에서 작용케 하며 육체의 전화을 위해 정신을 중개하고 있습니다. 기는 도교 내단학에서 아주 중요한 위치에 있으며, 곧 기에 대한 중시는 내단학에서 "성명쌍수性命雙修·형신구묘形神俱妙"를 수련의 종지로 삼았고, 불가에서 중시하는 심성적 깨달음과 대조를 이루고 있습니다.

도교적 관점에서 정精·기氣·신神이라 할 경우 이는 기철학적 전통을 충실히 계승한 개념이라고 볼 수 있습니다. 이는 노자, 장자 등의 초기 도가 사상과도 밀접한 관련이 있으며 우주론, 인생론, 실천수행론의 여러 영역에서 기철학적 고유성을 잘 드러내 줍니다. 도교적 전통에서 정·기·신의 이론이 특히 중요한 의미를 지니게 된 것은 내단학의 등장에 기인합니다. 포박자가 강조했던 금단술金丹術이나 이에 버금가는 여러 가지 약물 제조법이 외단법外丹法이라면 내단법은 인체내의 내적인 생명력 즉 정·기·신을 수련하자는 사상이었습니다. 이들 삼자는 밀접한 상호 연관성을 맺고 있으므로 서로 떨어져 존재할 수 있는 것은 아닙니다. 요컨대 인간의 생명현상을 전체로 본다면 정은 생명력의 근원을, 기는 생생약동한 생명의 흐름을, 신은 생명력이 지니는 신묘한 직관적 영감처를 의미한다고 말할 수 있습니다.

따라서 정·기·신은 인체의 생명 활동을 구성하고 유지하는 근본 에너지라 할 수 있으며 이들 셋을 인체의 세 가지 보물인 삼보三寶라고 하는데, 이들 정·기·신은 원래부터 일물이라 하였습니다. 다시 말하면 정·기·신은 본래 하나의 근본에서 형질의 변화를 거듭하여 이루어진 것으로서 수련에 의해 정에서 기로, 기에서 신으로 돌아간다는 것입니다. 즉 연정화기에 이은 연기화신입니다. 기氣일원론적 입장에서 본다면 정·기·신은 일체 삼면의 작용이라 할 수 있을 겁니다. 또한 자기磁氣는 현상적으로 음양의 성질을 가장 잘 드러내고 있다고 하였습니다. 즉 N극은 미는 힘인 척력과 발산작용으로서 양적이며, S극은 당기는 힘인 인력과 수렴작용으로서 음적인 양상을 보여줍니다.

또한 이들은 절대로 떨어져서는 존재할 수 없으며 전기처럼 양극이 분리될 수 없다고 하였습니다. 이를 일체이면 작용이라 하였지만, 이러한 현상의 이면에는 양극을 매개해주는 또 하나의 장이 있게 되는데, 음과 양, N과 S의 양극을 상호 유기적으로 연결하는 것을 중中의 작용이라고 합니다. 우리는 오랜 관습으로 음양, 천지, 일월, 자석의 양극처럼 사물의 대립적인 이분법에 익숙해 있지만, 이 양면작용에는 항상 이들을 조화롭게 해주는 중립개념으로서의 중中이 내재하여 있음은 물론입니다. 『중용中庸』에서 중을 천하의 대본(중지자中也者 천하지대본야天下之大本也)이라 한 것은 모든 사물 간의 대립, 통일, 발전, 쇠퇴에 있어서 중의 역할과 작용이 그만큼 크다는 것을 말하고 있는 겁니다. 노자의 『도덕경』에서 '삼생만물三生萬物'이라 한 것은 삼라만물은 이 삼三을 생성의 기본수로 한다는 전제가 깔려 있는 것이나 다름없다고 할 수 있습니다. 즉 일생이一生二가 아니라, 사물의 생성은 일기에서 곧 바로 석삼극析三極의 이치로 형상화된다는 것이죠. 즉 일기一氣에서 정·기·신의 삼원작용으로 변화하는 것으로 볼 수 있습니다. 그렇다면 정·기·신에서 중과 음양의 역할은 어떻게 구분할 수 있을까요. 여기서는 정과 기가 음양작용을, 그리고 신이 중의 역할을 한다고 볼 수 있습니다. 방위상의 체용관계로 볼 때, 본체론적 입장에서는 중의 개념으로서 지구의 중심축은 수화로서 남북이지만, 용의 관점에서 보면 동서는 목금으로서의 음양작용이라 할 수 있습니다. 이렇게 볼 때 중은 수화로서 표현되나 그 대표성은 화로 볼 수 있습니다. 따라서 정은 목성木性의 양인 N극의 발산작용을, 기는 금성金性의 음인 S극의 수렴작용을, 그리고 신은 화성火性을 띤 중립 역할을 합니다. 장부의 속성을 논할 때 목은 간이며 금은 폐입니다. 금의 속성은 금속성으로 자기와 아주 밀접한 친화성을 보입니다. 그래서 『황제내경黃帝內經·소문素問』「음양응상대론陰陽應象大論」에 "천기天氣는 폐로 통한다"고 한 것입니다. 즉 호흡을 통해서 우주에 무한하게 존재하고 있는 기(자기 입자)를 생명력의 위기衛氣로 받아들이고 정(곡기)을 통해서는 우리 몸을 지탱하는 영기營氣를 형성한다고 보아야 합니다. 정·기·신을 오행에 배당할 때 정은 목, 기는 금, 신은 중립개념으로서 심에 해당한다고 봅니다. 동무 이제마의 사상 체질론에서도 이러한 이유 때문에 화인 심을 중립의 장부로 배당하고서 나머지 금·목과 토·수 사행의 대립 관계로서 체질 구분을 한 것이라 할 수 있습니다. 즉 태양인太陽人은 폐대담소肺大肝小(폐실간허肺

實肝虛), 태음인太陰人은 폐소간대肺小肝大, 소양인少陽人은 비대신소脾大腎小, 소음인少陰人은 비소신대脾小腎大로서 체질특성을 논한 것이 그 한 예입니다.

기에 대한 중국 고대인의 생각을 네 가지로 대별해 보면, 『논어』에 비친 언행 및 식기食氣·혈기와 같은 생활 속의 기, 『맹자』의 천지에 충만한 호연지기浩然之氣, 『도덕경』의 만물생성론으로서의 충기沖氣, 『장자』의 기일원론적인 세계관을 들 수 있습니다. 인도에서도 기와 비슷한 개념으로 프라나(Prana)가 있는데, 공기 속에 포함되어 호흡을 통해 몸 안으로 빨아들여 지는 생명의 근원으로서 우주에 가득 차 있으며, 자연계의 온갖 현상은 모두가 프라나의 드러남이라고 여겼습니다. 또한 고대 서양에서 대우주와 소우주의 조응을 매개한다고 생각된 것이 프네우마(Pneuma, 라틴어의 Spirius)입니다. 프네우마는 바람과 공기와 호흡(숨)을 의미함과 동시에 생명의 근원이기도 한 에너지적인 어떤 것을 의미한다는 점에서 기와 비슷하다고 봅니다. 이상과 같은 고대인의 생명관에서 바람과 기(공기空氣·기식氣息)가 동일시된 것은 인도의 프라나설과 그리스의 프네우마설, 그리고 중국의 기의 학설 사이에 커다란 유사성이 있는 것은 분명합니다. 그것은 철학과 연관될 뿐 아니라 의학과도 연관되는 개념이라 볼 수 있습니다. 따라서 동양의학적 관점에서는 기를 우주를 구성하는 기본물질로 보았고, 끊임없이 운동하는 에너지로 인식하였던 것입니다. 특히 기를 철학적 관점에서 의학적 관점으로 전환시켜 인체를 구성하는 기본물질로 보았으며, 동시에 자연과 결부 시켜 생명의 법칙으로 여겼습니다.

이러한 기에 대한 생각은 고전 역학적 세계관을 벗어나 새로운 패러다임이 모색되면서 전기를 맞게 되기도 합니다. 데카르트와 뉴턴 이래의 근대 자연과학은 그 분석적·기계론적인 환원주의를 무기로 절대적인 힘을 자랑해 왔습니다. 그러나 부분만 있고 전체가 보이지 않는 근대 과학은 중대한 위험성을 내포하고 있었습니다. 근대의 신과학 운동(New Age Science Movement)은 이 같은 근대 과학에 대한 반성에서 태어났습니다. 신과학의 새로운 사고방식은 1970년대 중반 이후부터 본격화되기 시작했습니다. 많은 과학자가 주로 양자역학과 상대성이론, 열역학 제이법칙 등을 내세워 현대 과학 문명의 기저를 이루는 뉴턴과 데카르트에 의해 정착된 기계론적 물질관과 심신이원론을 강력히 비판하면서, 심신일원론과 생태론적(ecological)이고 전체론적(wholistic)인 세계관을 주창하고 나섰던 것입니다. 이러한 경향은 노벨화학상을 받은 일리야 프리고진(Ilya Prigogine)의 비평형 열역학 이론이 발표되면서 과학계 전 분야에서 폭발적으로 터져 나왔습니다. 그의 이론을 바탕으로 카오스 이론이 탄생하였으며, 물질과학을 생명과학적인 관점에서 해석하려는 시도들이 전개되기 시작했습니다. 실증적 차원의 기 연구는 생체에서 정보교환이라는 개념으로 출발했습니다. 독일의 프리츠 포프(Fritz A. Popp)의 생체광자(Biophoton)의 발견은 기존의 직접 접촉이나 분자 확산에 의한 물질 반응의 개념에 일대 변혁을 가져왔습니다. 생체는 공간상 분리되어 있어도 상호 특정 전자파를 주고받으면서 정보를 교환하고 대화를 나누고 있습니다. 이 개념을 생체에 적용하면 생체정보 에너지학이 될 것이며 물질에 적용하면 물질정보 에너지학이 된다는 생각입니다.

이상에서처럼 동양의 기를 신과학적 관점에서 접근한다면, 다음의 세 가지로 나눌 수 있습니다. 먼저 공간 에너지(Space Energy)로서의 기입니다. 이는 마치 공기처럼 우주 공간을 가득 메우고 있는 어떤 '미묘한 에너지의 바다(The Sea of Energy)를 표현하는 개념이죠. 둘째 생명에너지(Life Energy; Vital Energy)로서의 기입니다. 생명체와 생명현상 속에는 단순히 물질과학인 생화학적인 과정만으로는 결코 해석할 수 없는 어떤 미지의 에너지 현상을 말합니다. 셋째 에너지가 아닌 정보(Information)로서의 기를 말하는데, 기의 총량이 늘어나는 증폭 현상과 더불어 기의 전사, 원격이동과 같은 미묘한 현상을 설명할 수 있는 과학적 개념으로서의 정보를 말합니다.

또한, 자기론적인 입장에서 살펴보면 기는 어떠한 힘의 원천을 의미합니다. 힘이란 대우주와 삼라만상이 생성·소멸·변화·운동하며 움직이게 하는 것이라 할 수 있습니다. 그 나타나는 힘의 현상은 기의 현상과 마찬가지로 무궁무진하게 많지만, 그 근원을 따져보면 결국 미는 힘(척력斥力)과 당기는 힘(인력引力)의 두 가지로 압축되고, 척력과 인력은 항상 공존하고 있는 것이죠. 이러한 특성을 지닌 물체는 현상적으로는 자석 이외에는 찾아보기가 힘듭니다. 아직도 많은 사람은 태양계 및 우주의 구성원리를 단순히 만유인력 작용으로만 보고 있는데, 이는 끌어당기는 힘인 인력작용 이면에는 미는 힘인 척력이 작용하고 있기에 우주의 질서가 유지되고 있다는 사실을 간과하고 있기 때문이라 할 수 있습니다. 빛까지도 빨아들인다는 블랙홀이 있다면 그 이면에는 그와 반대작용을 하는 화이트홀이 있다는 것은 우주의 법칙입니다. 이러한 작용의 근간은 바로 자기의 N(척력斥力)·S(인력引力) 작용이라 할 수 있죠. 다시 말해 우주 만물의 작용은 우리가 흔히 말하는 음양작용, 즉 자기의 N·S 작용인 것입니다. 그것은 우주가 하나의 거대한 자성체이며 우주공간의 모든 물체 역시 자성체라는 의미입니다. 이상에서처럼 우주 공간을 가득 채운 구극미립자가 기본적으로 양극성을 띠는 자성체라고 할 때, 대자연계에 존재하는 모든 생명체뿐만 아니라 인간이 의지하고 살아가는 이 지구를 포함한 모든 천체 역시 하나의 자성체라 할 수 있다고 봅니다. 이 자성, 즉 자화될 수 있는 성질이 물리학에서 말하는 협의의 전자기(electromagnetic force)로만 나타나지 않고, 우주에 존재하는 만물 형성의 근원이자 동력원으로 작용한다고 보며, 이를 협의의 자기와 구별하기 위해 '원천자기源泉磁氣'라고 부르고 있습니다. 우주에 존재하는 만물의 생멸 현상을 일궈내는 원천자기의 입장에서 보면 인위적으로 나누어 놓은 생물과 무생물의 구분도 편의적인 것 이상의 큰 의미를 가질 수 없게 된다고 할 수 있습니다.

생명적인 측면에서 말하면, 사람은 '정·기·신'의 종합적인 통일체이며 정신은 허이고, 육체는 실이라고 할 수 있죠. 기는 사람의 정신의식과 육체 존재의 교량 역할을 하는 통로이고, 정신이 육체에서 작용케 하며 육체의 전화로 정신을 중개하고 있다고 봅니다. 기는 도교 내단학에서 아주 중요한 위치에 있으며, 곧 기에 대한 중시는 내단학에서 "성명쌍수性命雙修·형신구묘神形俱妙"를 수련의 종지로 삼았을 만큼 중요한 매개체로 여기는 것과는 달리, 불가에서는 이보다 심성적 깨달음을 더욱 중시하고 있어 대조를 이루고 있습니다.

사람의 잉태는 부모의 두 기가 합하여 포태를 이루는 단초를 마련하는데, 이 두 기가 처음 합하여 선천일기가 된다고 봅니다. 일정 시간이 지나면 이 선천일기가 변화하여 형을 이루고 미미한 식이 있는데 호흡과도 같으나 아직 호흡이 이루어지지는 아니하는 이때가 곧 신과 기가 나누어지고 나누어지지 않는 경계인 것이라고 봅니다. 즉 이 경계를 지나면 후천기가 시작됩니다. 연이어 심신성명心腎性命이 들어서며 신은 심장에 갈무리되고 기는 배꼽에 갈무리됩니다. 선천일기가 정·기·신의 셋으로 변화하는 것이죠. 따라서 이미 정·기·신이 분화된 육신의 상태에서 정을 단련하여 기로, 기를 단련하여 신으로 변화케 하여 다시금 선천일기로 돌아가게 하는 것입니다. 여기까지가 일반적으로 통용되는 육신을 토대로 한 유위적인 명공수련命功修煉의 차원이라고 할 수 있습니다.

먼저 종려학파의 연정화기煉精化氣·연기화신煉氣化神에 대해 살펴보고 진단의 주장을 논술하기로 합니다. 종려학파에서는 인체에는 상·중·하 삼단전이 있는데 내단학에서 삼보로 여기는 정·기·신 삼약三藥이 각각 세 개의 단전에 소재하고 있다고 주장하고 있습니다.

단전은 세 곳에 있는데 상단전은 신神의 집이며, 중단전은 기氣의

곳집이며, 하단전은 정精이 거처하는 곳입니다. 정 가운데서 기가 생하는데, 기는 중단전에 머물고 있습니다. 기 가운데서 신이 생하는데, 신은 상단전에 기거하고 있습니다.[89]

이와 같이 상·중·하 삼단전에 머물고 있는 정·기·신 삼약을 하단전에서는 정을 단련하여 중단전의 기와 합일시키고, 중단전의 기를 단련하여 상단전의 신과 합일시키는 것을 연형성기煉形成氣와 연기성신煉氣成神 즉 연정화기煉精化氣·연기화신煉氣化神의 기본적인 방법으로 삼고 있습니다. 즉 3(정·기·신) → 2(기·신) → 1(신)의 과정을 말하고 있는 것입니다.

특히 종려학파에서는 연형성기에 대해 여동빈이 "사람의 몸 안에서 한 점 원양으로써 삼화三火(상화相火, 군화君火, 민화民火)를 일으키는데, 그 삼화는 많은 수水와 음陰 중에서 일어나 쉽게 소모되어 치열하게 타오르기 어렵습니다. 만약 양陽이 약해지고 음陰이 성해진다면 화火는 적고 수水는 많아져서 사람이 빨리 쇠약하게 되어 장생할 수 없으니 어찌하여야 합니까?"라고 묻자, 종리권은 상세하게 다음과 같이 답변합니다.

신수(소주천 시 임맥 상의 퇴음부로 내리는 진기를 말한다)는 기 가

---

89) 『鍾呂傳道集·論煉丹』: "丹田有三, 上田神舍, 中田氣府, 下田精區. 精中生氣, 氣在中丹. 氣中生神, 神在上丹."

운데서 생겨나고 금파는 입천장에서 내려온다. 적룡(혀)이 머물고 있는 곳에는 저절로 경옥과 옥천이 있으니 사람의 태가 바뀐 후에야 비로소 백설(수련 중 두 눈을 주렴처럼 내리깔았을 때, 두 눈에서 나오는 흰 빛을 말한다)과 양수(수련 시 옥지인 입에 고이는 일종의 침으로 선인의 양식이라고도 한다)가 나타난다. 신수를 댈 때는 시기가 있는데, 불꽃이 왕성할 때는 옥액이라 하고, 다음에는 금액으로 모두 환단할 수 있다. 또한 추첨에도 법도가 있어 목욕으로써 대응하는데, 먼저 중단전을 하고 다음에 하단전에서 목욕시키면서 형체를 단련할 수 있는 것이다. 옥예와 금화가 변해서 황백의 체가 되고, 제호와 감로는 단련하면 기이한 향기가 된다. 이러한 것은 모두 수水의 공덕이다. (중략) 주천의 작용으로 불이 일어나 몸을 태우고 양관(정精이 아래로 누설되는 관문을 말한다)을 굴레 씌우면 단약으로 환원하게 된다. 이 경우 구주의 세력을 떠나 양신을 기르고 쌓인 삼시충(인체 내에 있는 세 종류의 벌레로 경신일庚申日 밤 몸을 벗어나 사람들의 비밀스러운 일들을 상제에게 일러바친다고 하여 그날 밤을 새우며 수경신守庚申에 한다)을 불태워서 음귀를 제거한다. 독맥을 따라 위로 운행시키면 삼관이 뚫리고 임맥을 따라 아래로 운전하면 칠백(몸 안의 탁한 음귀陰鬼들을 말한다)이 소멸하니 형체를 단련하여 기를 이루면(연형성기煉形成氣) 몸이 가볍기가 날아가는 것 같고, 기를 단련하여 신을 이루면(연기성신煉氣成神) 태를 벗음이 마치 매미와 같다. 이와 같은 것은 모두 화火의 공덕이다.[90]

그는 연형성기煉形成氣와 연기성신煉氣成神의 단계를 수련하는 데 있어 수화水火의 중요성에 대해 역설하고 있습니다. 특히 임독맥이라는 소주천을 통해 하단전과 중단전에서 정精과 기氣를 단련하는 과정 중에 나타나는 다양한 현상들을 비교적 자세하게 그려내고 있습니다. 그러면서 신장과 심장에 간직되어 있는 이기二氣에 대해 언급합니다.

도를 신봉하는 사람은 신장의 기를 심장의 기와 교회하여야 한다. 심장의 기는 진일의 수기水氣를 갈무리하고 정양正陽의 기를 싣고 있으니 수화이기를 교회하여 수水(하단전) 중에 포태하니 그 모양이 검은 쌀과 같아 온양으로써 이지러지지 않게 해야 한다.[91]

즉 화기火氣를 뜻하는 심장의 기를 하단전으로 내려 수기水氣를 의미하는 신장의 기와 융합시켜 순음의 기로 변화시켜야만 정과 기를 합일할 수 있다고 본 것입니다. 다시 말해 심장을 의미하는 리괘☲ 중의 중효인 진일수기眞一之水氣를 신장을 뜻하는 감괘☵ 중의 중

---

90)『鍾呂傳道集』: "神水生於氣中, 金波降於天上. 赤龍住處, 自有瓊液玉泉. 凡胎換後, 方見白雪陽酥. 澆灌有時, 以沃炎盛, 先曰玉液, 次曰金液, 皆可以還丹. 推添有度, 以應沐浴. 先曰中田, 次曰下田, 皆可以煉形. 玉藥金花變就黃白之體, 醍醐甘露煉成奇異之香. 若此水之功效. …… 用周天則火起焚身, 勒陽關則還元丹藥. 別九州之勢以養陽神, 燒三尸之累以除陰鬼. 上行則一撞三關, 下運則消磨七魄. 煉形成氣而輕擧如飛, 煉氣成神而脫胎如蟬. 若此皆火之功效也."
91)『鍾呂傳道集』: "奉道之人, 腎氣交心氣, 氣中藏眞一之水, 負載正陽之氣, 以氣交氣, 水爲胞胎, 狀同黎米, 溫養無虧."

효에 대체하면 선천의 순음인 곤괘가 되어 무형의 기와 합일 할 수 있다는 겁니다. 여기서 선천의 순음은 후천의 순양과도 같은 의미를 띠고 있습니다. 이렇게 잉태된 검은 쌀과 같은 순음체인 정을 하단전에서 백일동안 온양하면 기와 합일된다고 본 것이죠. 이러한 방법을 종려학파에서는 연형성기, 즉 연정화기의 수련법으로 삼고 있답니다.

종려학파의 다음 단계 수련법인 연기성신, 즉 연기화신에 대해서도 종리권은 자세하게 언급하고 있습니다.

채약은 홍汞을 더해 주는 것인데, 첨홍添汞은 반드시 연연鉛을 덜어내고 해야 한다. 추첨抽添은 몸 밖에서 하는 것이 아니다. 하단전에서 상단전으로 끌어 올리는 것인데, 그것을 주후비금정肘後飛金晶, 또는 하거河車(몸 앞뒤로 유주하고 있는 임맥과 독맥을 활용하여 하단전에서 단련된 정을 기와 합일게 하여 독맥의 주요 혈인 미려와 협척 옥침 니환을 경유하여 임맥의 작교 중루를 거쳐 다시 하단전에 이르게 하는 수련법을 말한다. 임독맥을 유주시키는 법을 일반적으로 소주천이라 하며 연정화기가 이에 해당한다. 이러한 하거에는 세 종류가 있는데, 채약採藥·진화進火·첨홍추연添汞抽鉛하는 것을 소하거小河車, 대약점성大藥漸成하며 상보하련上補下煉하는 것을 대하거大河車, 연단연형還丹煉形하여 합도입선合道入仙하는 것을 자하거紫河車라 한다)를 일으켜 용호龍虎를 달리게 한다거나, 또는 환정보뇌還精補腦하여 장생불사한다고 말한다. 연연鉛을 뽑아낸 후에는 홍汞이 절로 중단전인 강궁絳宮으로 내려가는데, 중단전에서 다시 하단전으로 내려보

내야 한다. 이렇게 되면 비로소 용호교구龍虎交媾가 일어나 황아黃
芽로 변화하며 오행이 전도된다. 이러한 방법으로서 연을 뽑아내
고 홍을 더해주며 선태仙胎를 기르는 것인데, 이렇게 상중하 삼단
전에서 반복해야 한다. 오행이 전도되지 않으면 용호교구는 일어
나지 않는다. 삼단전에서 반복하지 않으면 선태는 기가 부족하게
되는 것이다. 따라서 연을 뽑아내고 홍을 첨가해주는데, 백일 간
약을 힘써 온전히 하고 백일 동안 성스럽게 선태를 견고히 하면, 삼
백일이 지나 선태는 완전히 자라나 진기眞氣가 생성하게 된다. 진
기가 생하면 연기성신煉氣成神이 이루어지는 것이다. [92]

종려학파에서는 내단수련의 층차를 축기築基에 이어 연형성기煉
形成氣 → 연기성신煉氣成神 → 연신합도煉神合道라는 네 단계로 나
누고 있는데, 「무극도」 중의 세 번째 단계인 오기조원五氣朝元이 인용
문에서 보는 것처럼 연기성신의 단계에 포함되어 있음을 볼 수 있습
니다.

또한 한 때 하창일을 스승으로 한 동문이기도 했던 담초의 『화서
化書』에도 진단과 거의 동일한 논법이 보이고 있습니다.

---

92) 『鍾呂傳道集·論抽添』: "以採藥爲添汞, 添汞須抽鉛, 所以抽添非在外也. 自下田
入上田, 名曰肘後飛金晶, 又曰起河車而走龍虎, 又曰還精補腦而長生不死. 鉛旣後抽,
汞自中降, 以中田還下田. 始以龍虎交媾而變黃芽, 是五行顚倒, 此以抽鉛添汞而養胎
仙, 是三田反復. 五行不顚倒, 龍虎不交媾. 三田不反復, 胎仙不氣足. 抽鉛添汞, 一百
日藥力全, 一百日聖胎堅, 三百日胎仙完而眞氣生. 眞氣旣生, 煉氣成神."

옛 성인들은 사물에 함장 된 실마리를 모두 달통하여 조화의 근원을 얻어서는 그 형形을 다하여 기氣를 기르고, 기氣를 다하여 신神을 기르고, 신神을 다하여 허虛를 기른다. 허실虛實은 서로 통하니 이를 대동大同이라 한다. 93)

인용문에서 예시되어 있는 것처럼, 담초는 진단이 「무극도」에서 제시한 제1단계의 '현빈지문'과 유사한 '조화의 근원'을 얻어야 함을 전제하고서 정·기·신 삼보를 약물로 삼아 수련단계를 높여가는 연정화기·연기화신·연신환허에 대해 언급하고 있습니다. 이는 진단의 주장과 많은 점에서 상통되고 있습니다.

다음으로 살펴 볼 진단의 '연기煉己'에 관한 논지는 그의 내단 관련 주요 저작들이 실전失傳되어서인지 연정화기·연기화신에 대한 자료가 다른 단계에 비해 매우 부족한 편입니다. 그래서 현존하는 저작들에 산견되고 있는 견해를 인용하여 설명하는 수밖에 없을 듯합니다. 진단 역시 종려학파와 마찬가지로 정·기·신 삼보를 내단수련의 주요 약물로 활용하고 있습니다. 『진희이태식결陳希夷胎息訣』의 내용 중에서 이에 관한 것을 볼 수 있습니다.

도가 변화하여 어린아이로 태어나며 어린아이는 변화하여 늙게

---

93) 『化書·道化』: "古聖人窮通塞之端, 得造化之源, 忘形以養氣, 忘氣以養神, 忘神以養虛. 虛實相通, 是謂大同."

되고, 늙음은 변화하여 병들게 되고 병들면 죽게 되는데, 죽음은 변화하여 신神이 된다. 신은 변화하여 만물이 되고 기氣는 변화하여 령靈을 낳고 정精은 변화하여 형체를 이루는데, 신·기·정 세 가지의 변화를 단련하여 진선眞仙을 이룬다. 그러므로 말하기를 정을 보존하고 신을 기르고 기를 단련하는 이것이 곧 삼덕三德의 정신임을 알 수 있는 것이다. 자오묘유子午卯酉와 사시四時가 곧 음양이 출입하는 문호다. 마음이 안정되어 동요하지 않음을 일러 선禪이라 하고, 신神으로서 온갖 변화에 통하는 것을 일러 령靈이라 하며, 슬기로서 만사에 통하는 것을 일러 혜慧라고 하고, 도원道元을 기에 합일하는 것을 일러 수修라 하며, 진기眞氣를 근원으로 돌아가게 하는 것을 일러 련練이라 하고, 용龍과 호虎가 서로 교류하는 것을 일러 단丹이라 하며, 상중하 삼단전을 합일하는 것을 일러 료了라 한다. 만일 수행하는 사람이 이것의 근원을 안다면 곧 도에 가까이 들어갈 수 있을 것이다.[94]

진단은 여기서 도道 → 소少 → 노老 → 병病 → 사死 → 신神이라는 우주생성론과 본체환원론의 관점에서 신神은 만물이 되고 기氣

---

94) 『陳希夷胎息訣』: "夫道化少, 少化老, 老化病, 病化死, 死化神, 神化萬物, 氣化生靈, 精化成形, 神氣精三化, 練成眞仙. 故云: 存精, 養神, 練氣, 此乃三德之神, 不可不知. 子午卯酉四時, 乃是陰陽出入門戶也. 定心不動, 謂之曰禪. 神通萬變, 謂之曰靈. 智通萬事, 謂之曰慧. 道元合氣, 謂之曰修. 眞氣歸源, 謂之曰練. 龍虎相交, 謂之曰丹. 三丹同契, 謂之曰了. 若修行之人知此根源, 乃可入道近矣."

는 령靈이 되며 정精은 형形을 이룬다는 변화법칙을 제시하며 내단사상의 핵심요소인 정·기·신 삼약의 역향逆向적 단련을 진선이 되는 요로要路로 규정하고 있습니다. 즉 '상중하 삼단전을 합일하는 것을 일러 료了라 한 것'처럼 정·기·신 삼약을 세 단전에서 단계적으로 화합하여 연정화기·연기화신을 이룬다고 말하고 있습니다.

여기서 정·기·신 삼약 가운데 정은 물질적 기초가 됩니다. 원정元精은 그 자체가 선천에 속한 것이지만 또한 잡질이 많아서 형질을 지닌 음물陰物이라 할 수 있습니다. 따라서 독맥을 통과하여 상부 정수리의 상단전에 도달할 수 없습니다. 그러므로 반드시 정과 기를 제련하여 정기가 서로 합해진 양기로 변화시켜 가볍고 맑아서 형질이 없어져야 비로소 마음대로 임·독맥을 따라 운전할 수 있습니다. 정·기·신 삼약을 합하여 둘(기氣·신神)로 만드는 과정을 연정화기라고 부릅니다.

또 다른 저작인 『음진군환단가결주陰眞君還丹歌訣注』에는 진단의 보다 구체적인 내단 사상이 표출되어 있습니다. 음장생의 『음진군환단가결』을 주석한 『음진군환단가결주』에서 진단은 『도덕경道德經』·『황제내경黃帝內徑』·『음부경陰符經』·『황정경黃庭經』을 인용하면서 내단수련의 주요 수단인 하거河車와 화후火候, 상중하 삼단전, 용호교구를 통해 종려학파가 규정한 연정성기와 유사한 연정화기에 대한 수련법을 암시하고 있습니다. 특히 그는 외단 수련법을 배격하며 오직 내단수련법만이 진선眞仙을 성취할 수 있다고 역설하고 있습니다. 즉 "세상 사람들은 단사丹砂와 은銀을 취하여 홍汞으로 삼고,

주동철朱銅鐵을 사砂로 삼고 있는데, 만약 이러한 것으로 도를 구한다면 이루지 못한다.”고 밝히고 있습니다.

우리 인체의 임맥과 독맥을 통해 운용되는 소주천은 연정화기의 주요 수단이 되고 있는데, 이러한 하거에 대해 진단은 “북방의 기를 유주시켜 남방으로 돌아가게 하는데 화火로써 수水를 단련하는 것”으로 달리 말하면 “상단전 옥천玉泉 중의 수水를 심화心火로써 수련하여 하단전에 들게 하는 것”이라 말하고 있습니다. 그리고 “하단전에 머물고 있는 정精을 심화心火로써 운전하여 상단전으로 옮기면 자연 명주明珠를 결태하게 되며 니환궁에 머물게 된다.”고 논지를 펼치고 있습니다. 앞에서 살펴본 종려학파의 연정화기 시 모든 공덕이 ‘화火’에 있다고 하였는데, 진단은 이러한 ‘화’에 마음적 요소인 ‘심’을 중시하며 ‘심화心火’로 발전시키고 있습니다. 진단 내단 사상의 핵심요소 중의 하나가 곧 '마음'임을 엿볼 수 있는 대목입니다.

여기에서 진단은 심화心火가 진양화進陽火와 퇴음부退陰符의 화후火侯 과정을 주도하고 있다고 말하는데, 이는 의념을 통한 유위법의 명공수련임을 암시하고 있다고 보입니다. 특히 이와 관련해서는 앞 절(「무극도」無極圖와 「선천팔괘도先天八卦圖」)에서도 살펴보았지만, 진단은 「선천팔괘도」 중 건곤괘를 우리 인체에 대입하며 “건괘는 머리가 되고, 곤괘는 복부가 되니 천지정위天地定位”한 것이라고 말하고 있는데, 이는 우리 인체를 앞뒤로 유주하며 백맥을 통괄하고 있는 임독맥, 즉 연정화기煉精化氣에 해당하는 소주천 수련과 연관 지어 설명할 수 있습니다. 「선천팔괘방위도先天八卦方位圖」의 좌변은 양을 대표하는 독맥에 해당하여 인체 배부背部의 하변 미려에서 협척과 옥침을 거쳐 머리의 정문으로 유주하는 것과 같아 진양화進陽火에 비견되고,「선천팔괘방위도」의 좌변은 음을 대표하는 임맥에 해당하여 상작교와 12중루를 유주하여 하단전에 이르는 퇴음부退陰符에 비유할 수 있습니다.

진단의 실전된『지현편指玄篇』81장은 유염兪琰(A.D. 1258~1314)의『주역참동계발휘周易參同契發揮』와『성명규지性命圭旨』여기저기에 산견적으로 인용되고 있는데, 연기화신과 관련해서 다음과 같은 내용을 볼 수 있습니다.

어린싹이 면면히 자라나 동서남북에서 절로 합하여 오는구나.[95]

그윽하고 고요하니 비로소 하나의 단예端倪가 드러나는구나. 처음 황홀한 상태에서는 이것저것으로 나뉘지 않았다. 중간을 주재하는 것은 이러한 아이와 같은 것이었으니, 이것이 곧 세상 사람들이 말하는 진종자眞種子이니라.[96]

여기서 단예와 묘묘예예, 어린아이, 진종자 등은 용호교구를 통해서 잉태되는 선태仙胎, 혹은 황아黃芽로 비유되고 있음을 알 수 있

---

95)『周易參同契發揮』:"苗苗裔裔綿綿理, 南北東西自合來."
96)『性命圭旨』:"窈冥才露一端倪, 恍惚未曾分彼此. 中間主宰這些兒, 便是世人眞種子."

습니다. 이러한 것은 정·기·신 삼약의 합일을 통해 얻어진 결과물이라 할 수 있죠. 즉 정·기·신 삼약을 화합하여 둘(기·신)로 만드는 과정인 연정화기를 거쳐 기와 신을 하나로 합일하는 연기화신의 과정에서 나타나는 현상이라 할 수 있습니다. 이렇게 합일된 신은 곧 신수神水라고도 하는데, 오장육부를 유기적으로 화합케 하는 매개체 역할을 한다는 설정이랍니다. 즉 다음단계인 오기조원을 위한 준비를 마친 것이죠.

제3절

———

무극도
수련 3단계
— 화합和合

(오기조원五氣朝元)

「무극도」의 첫 번째 단계인 현빈지문에서 득규得竅한 다음 연정
화기·연기화신의 연기, 즉 정·기·신 삼약의 합일을 통해 신수神水와
같은 진종자眞種子를 얻었다면, 오장육부를 조화롭게 하는 제3단계
인 오기조원五氣朝元의 수련법에 임할 수 있습니다.

종려학파에서는 오기조원에 대해서 상당히 경계해야 할 사안으
로 취급하며 구체적인 언급을 피하고 있습니다. 『종려전도집鍾呂傳道
集·론추첨論抽添』에 다음과 같은 내용을 볼 수 있습니다.

이른바 조원朝元에 대해 예나 지금이나 아는 사람이 적다. 그것
을 알고 있다 해도 성현께서는 구차하게 말씀하지 않았다. 대개 이
때문에 진선眞仙을 이루는 대법은 은밀하게 감추어 두었으니 천지
도 알지 못할 기밀이며 진실로 삼청의 비밀스러운 일이다. …… 가

벼이 쉽게 말해버리면 도리어 내가 성스러운 기밀을 누설해버린 죄를 받게 되니, 피차 각자에게 이익될 게 없다.[97]

인용문에서 보는 것처럼 종려학파에서는 오기조원에 대해 비밀스럽고 내밀한 것으로 인식하였습니다. 그러나 증조가 편찬한 『도추道樞』 권41에 실린 「전도편傳道篇」에서는 여동빈이 종리권에게 조원朝元에 관해 묻자

"혼돈이 나뉘어 천지가 되고, 천지가 자리하니 오방이 펼쳐졌다. 각 방위에는 하나의 제帝가 있으며, 오제五帝의 각각에게는 두 명의 아들(子)이 있는데, 하나는 양陽이요, 하나는 음陰이니, 이를 이제二帝라 한다. 서로서로 생성하여 오행으로 분화하며 후에 육기로 정하여 진다."[98]

고 설명하고 있습니다. 그러면서 오행에 배당된 오장 중 신·간·폐·비의 음陰을 모두 제거하면 진기眞氣가 상승하여 이들 4장의 기가 합하여 하나가 되면서 금액金液이 내려온다고 설명하고 있습니다. 종국에

---

97) 『鍾呂傳道集·論抽添』: "所謂朝元, 今古少之. 苟或知之, 聖賢不說. 蓋以是眞仙大成之法黙藏, 天地不測之機, 誠爲三淸隱秘之事 …… 輕言易語, 反我以漏泄聖機之愆, 彼此各爲無益."

98) 『道樞·傳道篇』: "混沌判而爲天地, 天地位而列五方, 其方各一帝焉 帝各二子, 其一爲陽, 其一爲陰, 是曰二帝. 相生相成而分五行, 五行而後定六氣."

는 이들 합일된 금액(수水)과 심(화火)을 합하여 상단전에 이르게 한다는 것입니다. 「전도편傳道篇」의 내용입니다.

수화水火를 합일하여 신궁神宮으로 들어가 호흡을 고요히 하고, 내관하면서 한 뜻도 흩어지지 않게 하면 신이 오묘함을 알 것이다. 고요하고 고요한 가운데 천상의 음악을 들으매, 마치 잠들어도 잠든 것 같지 않으며 허무의 경계를 부유하는 것 같으니, 이를 일러 내원을 초탈한다고 말한다. 이에 양신이 비로소 모여 상단전으로 돌아와 신을 단련하여 대도와 합하고, 위로 천문과 통하니, 그 몸을 되돌리면 그 형이 천지와 나란히 하게 된다.[99]

이러한 주장은 곧 오기조원을 뜻하는 것으로 오장의 진기를 수화로 수렴, 상단전에 조원케 하여 그곳에서 비로소 양신을 단련함으로써 대도와 합일할 수 있다고 본 겁니다. 이 단계에 들어서려면 오장의 신을 안으로 수렴하는 내관법과 더불어 수일守一의 단계를 확고히 해야 한다는 것이죠.

진단 역시 보다 구체적으로 설명하고 있습니다. 『주역참동계발휘周易參同契發揮』에 인용된 진단의 오기조원에 관한 내용입니다.

---

99) 『道樞·傳道篇』: "蓋水火爲一, 以入神宮, 定息內觀, 一意不散, 而神識妙矣. 寂靜之中而聞至樂之音, 如寐非寐, 而游於虛無之境, 是之謂超內院者也. 於是陽神方聚而還上丹, 煉神以合大道, 上通天門, 返於其身, 則形與天地齊矣."

눈은 그 빛을 함장하고, 귀로는 그 소리를 응축하고, 코로는 그 호흡을 조절하고, 혀로는 그 기를 함봉緘封하고서 양발을 가지런히 가부좌하여 신神을 수부水府 안에 갈무리하면 한 오라기의 마음도 밖으로 치달을 수 없다. 눈으로도 이제 보지 않으니 혼이 저절로 간으로 돌아가고, 귀도 이제 듣지 아니하니 정이 저절로 신장으로 돌아가며, 혀로 이제 맛보지 아니하니 신도 절로 심장으로 돌아가고, 코로도 이제 냄새 맞지 아니하니 백이 절로 폐로 돌아가며, 사지도 이제 움직이지 아니하니 의意가 절로 비장으로 돌아가게 된다. 그렇게 된 후에 혼이 간에 있으니 눈에서 누설되지 않고, 백이 폐에 있으니 코에서 누설되지 아니하며, 신이 심장에 머무니 입속의 혀에서 누설되니 아니하고, 정이 신장에 있으니 귀에서 누설되지 아니하며, 의가 비장에 있으니 사지의 구멍에서 누설되지 아니한다. 오장에서 모두 누설되지 않으면 정精·신神·혼魂·백魄·의意가 서로 융합하여 일기一氣로 되어 상단전에 모인다.[100]

진단이 말하고 있는 오기조원은 우리 인체의 구규와 사지를 통해 누설되기 쉬운 정精·신神·혼魂·백魄·의意를 오장에 단단히 갈무리하여 선천일기로 화합하게 한 다음, 상단전인 니환궁에 거주하는 본

---

100) 『周易參同契發揮』: "眼含其光, 耳凝其韻, 鼻調其息, 舌緘其氣, 迭足端坐, 潛神內水, 不可一毫外用其心也. 蓋眼旣不視, 魂自歸肝. 耳旣不聽, 精自歸腎. 舌旣不味, 神自歸心. 鼻旣不香, 魄自歸肺. 四肢旣不動, 意自歸脾. 然後魂在肝而不從眼漏, 魄在肺而不從鼻漏, 神在心而不從口舌漏, 精在腎而不從耳漏, 意在脾而不從四肢孔竅漏. 五者皆不漏矣, 則精神魂魄意相與混融, 化爲一氣而聚于丹田也."

원에 알현하게 하는 수렴법의 일종이라 할 수 있습니다. 즉 우주생성론적인 관점에서 볼 때, 혼돈의 처음에는 오직 일기一氣만이 있었는데, 그 일기가 음양 양의로 나뉘고 거기에서 다시 분화하여 오상과 오방이 된다고 본 것입니다. 이러한 오방의 기는 각기 그 성질이 다르기 때문에 오행으로 운행되는 것입니다. 따라서 오장의 기를 품수할 당시의 순수한 기로 환원한 선천일기가 니환궁에서 성태聖胎를 마련하여 양신陽神인 영아嬰兒가 자랄 수 있는 터전을 준비하는 단계를 오기조원이라 합니다. 여기서 동양의학서에서 규정하고 있는 오행에 대해 좀 더 상세하게 살펴볼 필요가 있습니다.

동양의학에서는 인체의 각 부분을 하나의 통일된 전체로 인식할 뿐만 아니라 인체와 외재적 자연환경과의 사이에도 상응하는 관계가 있다고 인정하고 있습니다. 여기서 말하는 인체의 각 부분이란, 오장(간·심과 심포·비·폐·신), 육부(담·소장·삼초·위·대장·방광), 오체(근·혈맥·기육·피모·골수), 오관(목目·설舌·구口·비鼻·이耳) 등입니다. 외재의 자연환경이란, 주로 계절의 변화(춘·하·장하·추·동), 오기(풍·서·습·조·한), 오색(청·적·황·백·흑), 오미(산·고·감·신·함) 등을 말합니다. 동양의학에서는 체내體內 체외體外의 전체성全體性과 그들 사이의 복잡한 관계를 설명하기 위하여 자연계와 인체에 연관된 사물을 그 속성·형태·현상 등 고유한 특성에 따라 동류의 것끼리 각각 오행에 귀납시켜 다섯 가지로 분류합니다. 그 주된 목적은 각종 사물 간의 연계를 이해하는 동시에 사물 변화의 진전법칙을 용이하게 관찰하기 위함이죠. 이러한 분류법의 바탕이 된 음양오행론은 천문학과 아주 밀접한 연관을 맺고 있다고 볼 수 있습니다.

『한서漢書』「예문지藝文志 제자략諸子略」에 "음양가라는 유파는 대개 희화羲和의 관직에서 나왔다. 하늘을 공경하고 잘 따르며, 해와 달과 별을 관찰하여 책력을 만들고 사람들에게 때를 알려 주도록 하였다."고 기록되어 있습니다. 중국에서는 기원전 5세기에 이미 적도를 12등분 하여 12차라 하고, 적도 부근의 별자리 28개를 골라서 28수라 하였습니다. 그리고 3세기경의 성도星圖에는 283궁(별자리)에 1,646개의 별자리가 실려 있을 정도로 천문학을 중시하였습니다. 이러한 음양오행성을 천문학적인 관점에서 살펴보면, 해와 달 그리고 오행성을 비롯한 수많은 별들은 지구상에 존재하고 있는 만물에 어떠한 영향을 주게 된다고 합니다. 즉 태양의 광선과 자력선, 달의 인력, 별들의 우주선 등이 그것이죠. 우리가 살고 있는 땅은 쏟아지는 하늘의 수많은 에너지 장(fild)에 의해 샤워를 하고 있는 것과 같은 모습이라 할 수 있습니다. 지상에 영향을 주는 가장 기본적인 '에너지 장'은 천문도에 찍혀진 수많은 붙박이별, 즉 항성들이랍니다. 이 중에서도 가장 큰 영향을 미치는 에너지 장은 바로 빛을 통해 주야라는 양기의 변화를 주도하는 태양(日)과 인력이라는 힘을 통해 음형의 변화를 주도하는 달(月)이죠. 이들에 미치지는 못하지만, 일월 외에 가장 큰 에너지 장으로 지상의 변화를 주도하는 별들은 목화토금수의 오성이라 할 수 있습니다. 바로 이 칠요七曜작용에 의해서 지구의 기후가 영향을 받아 변화를 일으키는 것이죠. 또한 지구는 이 일곱 개의 행성들 외에도 28수와 같은 무수한 별들이 지상 세계의 방향과 절기를 일러주는 주요한 근거이면서, 인간과 하늘이 서로 교통하는 통로이기도 한 것입니다. 하늘은 일월성수를 통하여 자신의 의지를 천명하고, 인간은 그 천상의 하늘을 통하여 삶과 죽음의 근원적 물음을 모색합니다. 우주론적 세계관은 인간 삶의 근거에 나름대로 합당한 해석 근거를 던져줄 때 의미를 지니는 것이라 할 수 있습니다.

『황제내경소문黃帝內經素問』「기교변대론氣交變大論」에 "무릇 도는 위로는 천문天文을 알고 아래로 지리地理를 알며 중으로 인사人事를 알아야 장구할 수 있다"고 하였습니다. 그러면서 자연계와 인체에 영향을 미치는 오운의 태과불급에 따른 변화는 곧 하늘의 오행성과 상응한다고 보았습니다. 이렇게 볼 때 음양오행론은 사물을 분류하고, 사물 간을 관계지으며, 인식의 틀로서의 카테고리를 설정하여, 체계적인 인식을 구성한 것으로 하나의 과학적인 사고의 산물이며, 그 원초적인 형태를 가장 고도로 완성된 형태로써 표현하고 있다고 봅니다. 음양오행적 사고가 파악한 자연의 체계란 무엇인가를 해명하자면 특히 동양의학을 중심으로 분석할 필요가 있습니다.

진단은 위백양의 『주역참동계周易參同契』나 장백단의 『오진편悟眞篇』에서는 수용하지 않는 전통의 다양한 수련법을 층차별로 받아들이고 있음을 볼 수 있습니다. 여기서 활용하고 있는 존사법과 존상법은 『황정경黃庭經』에서 주장한 것으로 마음의 운용을 통한 것이라 할 수 있습니다. 진단 내단사상의 핵심요소이기도 한 '심법心法'의 또 다른 수용으로 볼 수 있습니다. 이러한 진단의 수련법 수용에 있어서의 다양성은 아마도 자신만을 위한 수련체계가 아닌 많은 대중을 위한 포석이라 할 수 있습니다. 각자의 근기에 따라 자신에게 맞는 수련법을 채용해야 함을 드러낸 것으로 진단의 의도를 헤아릴 수 있습니다.

여기서 '오기'는 오행의 기미이며 또한 오장의 기이기도 합니다. 후대의 저작이기는 하지만 진단의 내단사상을 여러 곳에서 인용하면서 오기조원에 관해서 비교적 자세하게 설명하고 있는 『성명규지性命圭旨』와 유염(A.D. 1258~1314)의 『주역참동계발휘周易參同契發揮』에서의 주장을 살펴보기로 합니다. 먼저 살펴볼 『성명규지』에서는 다음과 같이 그 논지를 전개하고 있습니다.

일기一氣가 처음 나뉘어 이의二儀가 되고, 이의가 자리를 정하며 오상으로 나뉜다. 오상이 자리를 달리하여 각각 한 방위를 지킨다. 다섯 방위는 기를 달리하여 각기 한 방위의 자子를 지키는 것이다. 청제青帝의 자는 이름이 용연龍煙이며 갑을甲乙 목木덕의 3(생수)기를 받았다. 적제赤帝의 자는 이름이 원단이며 병정丙丁 화火덕의 2기를 받았고, 백제白帝의 자는 이름이 호화이며 경신庚辛 금金덕의 4기를 받았다. 흑제黑帝의 자는 이름이 현명이며 임계壬癸 수水덕의 1기를 받았고, 황제黃帝의 자는 이름이 상존이며 무기戊己 토土덕의 5기를 받았다. 고로 금이 토를 얻어 생하고 목이 토를 얻어 왕성하며 수가 토를 얻어서 멈추고 화가 토를 얻어서 꺼진다. 오직 성인만이 회기의 도를 알고 환원의 이치를 얻어서 이에 5를 모으고 4를 모으고 3을 모아서 2를 합하여 1로 돌아가는 것이다. 대개 몸이 부동하면 정이 한결같아 수가 상단전인 원元에 조회하며, 마음이 부동하면 기가 한결같아 화가 원에 조하며, 진성이 고요하면 혼이 갈무리되어 목이 원에 조하고, 망령된 정이 잊어지면 백이 엎드려 금이 원에 조하며, 사대가 안정되고 화평하면 의가 정하여져 토가 원에 알현하니, 이를 일러 오기가 조원하여 모두 정수리에 모여든다고 한 것이다."[101]

즉 혼돈의 처음에는 오직 일기一氣만이 있었는데, 우주생성의 진행에 따라 음양 양의가 되었다고 보는 것입니다. 양의가 세워진 다음 그것을 따라서 오상五常과 오방五方이 있게 되는데 이때 오방의 기는 각기 그 성질이 다르기 때문에 오행으로 운행되는 것이라고 보는 것이죠. 따라서 오기조원이라 함은 오장의 기를 품수할 당시의 순수한 기로 환원하여 선천일기로 돌아가는 것입니다. 즉 다섯 가지 각기 다른 오장의 기를 원래의 상태인 선천일기로 돌리는 것이라고 말하고 있습니다. 여기서 선천일기라 함은 부모에게 품부한 음양의 기, 즉 수화

---

101)『性命圭旨』「五氣朝元說」: "一氣初判 而列二儀. 二儀定位 而分五常. 五常異地 而各守一方. 五方異氣 而各守一子. 青帝之子名龍烟 受甲乙木德之三氣; 赤帝之子名 丹元 受丙丁火德之二氣; 白帝之子名皓華 受庚辛金德之四氣; 黑帝之子名玄冥 受壬 癸水德之一氣; 黃帝之子名常存 受戊己土德之五氣. 故金得土則生 木得土則旺 水得 土則止 火得土則息. 惟聖人知回幾之道 得還元之理 于是攢五簇四會三合二而歸一 也. 蓋身不動則精固而水朝元; 心不動則氣固而火朝元; 眞性寂則魂藏而木朝元; 妄情 忘則魄伏而金朝元; 四大安和則意定而土朝元; 此謂五氣朝元皆聚於頂也."

이기水火二氣로 여겨집니다.

또 다른 한편의 주장을 살펴보면, 유염은『주역참동계발휘』에서 "『역易』에 이르기를 천1 지2 천3 지4 천5 지6 천7 지8 천9 지10은 곧 오행의 생수와 성수이다. 자화자子華子가 말하기를 '천지의 큰 수도 5보다 큰 수가 없다. 5는 토의 수이며 중앙에 위치한다. 북방수 1과 합하여 6의 성수가 되고, 남방의 2와 합하여 성수 7, 동방목 3과 합하여 성수 8, 서방금과 합하여 성수 9가 되는데, 성수 9는 수의 극이다. 천하의 수도 9에 이르러서는 그친다. 아홉수로 말하면 5는 1 2 3 4 5 6 7 8 9 가운데 실제로 중의 수이다. 수에서 본다면 10은 없다. 이른바 토의 성수 10은 북방의 1, 남방의 2, 동방의 3, 서방의 4가 중앙에 모여 성수 10이 되는 것이다. 그러기 때문에 중앙의 5는 사방으로 흩어져 성수 6 7 8 9가 되며 수화목금은 모두 토에 의지하여 이루어지는 것이다. 만약 사방의 1 2 3 4가 중앙으로 돌아오면 수화목금도 본원으로 되돌아가 토의 중앙에 모여들게 된다."고 하였습니다. 유염은 사방의 수화목금이 중앙 토를 중심으로 모이는 것을 조원의 개념으로 파악하였습니다.

이러한 오기조원은 진단의 주요 수련 방법이었던 수공법이 아니면 수행하기 어려울 것으로 생각됩니다. 구규를 통해 '정精·신神·혼魂·백魄'을 안으로 수렴하고 여기에 사지마저 움직이지 않은 채 '의意'를 거두어들인다는 것은 장시간의 앙화仰臥(천정을 보고 바로 눕는 법)를 하지 않고서는 쉽지 않기 때문입니다.

제4절

———

무극도
수련 4단계
— 채약採藥
(취감전리取坎塡離)

오기조원을 통해 오장의 기가 수화이기水火二氣로 수렴되어 상단
전에서 화합이 이루어지면 성태聖胎가 자리 잡고 양신陽神인 영아嬰
兒가 잉태되는「무극도」제4단계인 취감전리 즉 채약의 단계에 들어
설 수 있습니다.

『설괘전說卦傳』에 따르면 '감坎은 수水이고 월月이며, 리離는 화
火이고 일日'이라고 했는데, 괘상으로 볼 때 감괘☵는 겉은 음이고
안은 양이며, 리괘☲는 반대로 겉은 양이고 안은 음입니다. 내단가
들은 이러한 역학의 우주 생성론적 체계를 활용하여 건곤을 정로鼎爐
로 삼고 감리를 약물로 상징화하였습니다. 감괘는 건괘의 기를 얻어
남이 되고, 리괘는 곤괘의 기를 얻어 녀가 된다는 겁니다. 여기에서 건
곤이 선천이라면 감리는 후천을 의미하는데, 후천에서 선천으로 되돌
아가는 것이 취감전리의 요점이라 할 수 있습니다. 그러나 이 단계는

수화의 의미보다는 성명의 합일로 보는 게 진단이 제시하고 있는 수련단계에 적합할 것 같습니다.

일반적인 취감전리의 논리는 후천의 감리괘를 선천의 순음순양의 건곤괘로 다시 회귀시키는 겁니다. 보다 명확히 말하면 감괘 ☵ 중의 가운데 양효를 취하여 리괘 ☲ 가운데 있는 음효 자리에 채워 넣으면, 리괘는 순양의 건괘 ☰ 가 되는 것이죠. 즉 후천의 몸을 선천의 몸으로 다시 회귀시켜서 순양지체를 이룬다는 의미입니다. 다시 말해 순양이라는 약물, 즉 성性과 명命적인 것에서 성性적 의미를 내포한 선천일기를 채약하는 것입니다. 채약에 관한 비교적 상세한 단계적 해석은, 김낙필 박사가 『조선시대의 내단사상』에서 규정한 ① 가부좌의 자세로 정좌한 후 시선은 코끝을 보고 배꼽을 향하게 합니다. ② 마음을 기필하지도 않고 잊지도 않으며 고요히 기다리면 협척관 부근에서 기의 움직임이 느껴지며 경맥이 소통되고 사지가 부드럽게 됩니다. ③ 털구멍이 가려워지고 방광이 타는 듯하며 양쪽 신장이 끓는 듯하거나 배꼽 부근에서 따뜻한 기의 감촉이 느껴지면 선천약물이 발동하는 징조랍니다. ④ 이때 급히 채취하여 후천기와 섞이지 않도록 해야 합니다. 연양鉛陽이 기혈에서 발동하면 이를 협척관을 통해 니환으로 올립니다. 그 후 다시 심장 부근으로 내려보내 홍음汞陰을 만난 후 황정에 보냅니다. ⑤ 황정에 이르면 일심으로 이를 굳게 지켜 합일시킵니다.

그래서 『종려전도집』에서도 순양을 강조하면서 "순음이면서 양이 없는 것은 귀신이다. 순양이면서 음이 없는 것은 신선이다. 음양이 서로 뒤섞인 것은 인간이다. 오직 사람만이 귀신도 될 수 있고 신선도 될 수 있는 것이다"라고 말하고 있습니다.

일반적으로 내단학에서는 선천일기를 원기元氣라고도 하는데, 원 기는 부모에게서 품수한 선천지기입니다. 고대 기공문헌 중에서는 원 기의 기氣자를 '기炁'로 표시하고 있는데, 이는 후천지기와 구별하기 위해서입니다. 예를 들면 당말 최희범崔希范이 저술한 『입약경入藥 鏡』[102] 중의 "선천기先天炁, 후천기後天氣, 득지자得之者, 상사취常似 醉"에서처럼 선천기와 후천기를 구별하고 있습니다. 이 선천지기는 인 온氤氳에 의하여 무형에서 생기는 것으로 선천조기先天祖氣라고도 하 는데, 사람으로 출생한 후에 선천일기는 단전에 갈무리되며, 호흡과 함께 곡기 등에 의하여 새롭게 형성된 것은 후천지기로 구분하고 있 습니다.

『종려전도집』에서도 취감전리와 같은 의미가 있는 용호교구龍虎 交媾[103]에 대해 설명하고 있는데, 여동빈이 종리권에게 "기氣가 생기

---

102) 모두 82구 246자로 구성된 짧은 글이지만, 의학의 장부학설과 『주역』의 음양·팔 괘 및 역대 내단 이론을 회통하여 수련 양생 체계를 제시하고 있습니다. 그 핵심적인 내 용은 천인합일 관념과 심신心腎 수련의 중요성을 강조하고 있습니다. 그 원문은 "先天 炁, 後天炁, 得之者, 常似醉. 日有合, 月有合, 窮戊己, 定庚甲. 上鵲橋, 下鵲橋, 天應 星, 地應潮. 起巽風, 運坤火, 入黃室, 成至寶. 鉛龍升, 汞虎降, 驅二物, 勿縱放. 產在 坤, 種在乾, 但至誠, 法自然. 盜天地, 奪造化, 攢五行, 會八卦. 水真水, 火真火, 水火 交, 永不老. 水能流, 火能焰, 在身中, 自可驗. 是性命, 非神氣, 水鄉鉛, 只一味. 歸根 竅, 複命關, 貫尾閭, 通泥丸. 真橐龠, 真鼎爐, 無中有, 有中無. 托黃婆, 媒姹女, 輕輕 地, 默默舉. 一日內, 十二時, 意所到, 皆可爲. 飲刀圭, 窺天巧, 辨朔望, 知昏曉. 識浮 沈, 明主客, 要聚會, 莫間隔. 采藥時, 調火功, 受氣吉, 防成凶. 火候足, 莫傷丹, 天地 靈, 造化慳. 初結胎, 看本命, 終脫胎, 看四正. 密密行, 句句應."랍니다.

고 액液이 생기는 것은 각자 때가 있습니다. 때에 따라 기가 생하여 기가 왕성하면 진일지수眞一之水 또한 왕성하고 때에 따라 액이 생하여 액이 왕성하면 정양지기正陽之氣 또한 왕성해지는데, 왕성할지 쇠퇴할지를 알 수 없다는 것은 어찌하여 그렇습니까?"라고 질문을 하자, 종리권이 답합니다.

신장의 기는 쉽게 소모되고 흩어져 얻기 어려운 진호眞虎이다. 심장의 진액은 모아 쌓아두기 어려워 쉽게 유실되는 진용眞龍이다. 단경 만권에서 논의하고 있는 내용도 음양을 벗어나지 않는다. 음양 두 가지 일의 정수는 용호龍虎아닌 것이 없다. 도를 봉양하는 사람들 중에 이 진리를 아는 사람은 만에 한둘 정도이며, 혹 많이 듣고 널리 기억하여 용호의 이치를 안다고는 하나 교합하는 시기를 알지 못하면 채취하는 방법을 알 수 없다. 그렇기 때문에 고금의 달통한 인사들이 흰머리가 되도록 도를 닦고 계율을 지켜도 작은 성취에 그치게 될 뿐이다. 여러 대가 되도록 수명을 연장한 사람은 있어도 범인의 세계를 초탈한 사람은 듣지 못하였다. 대개 이러한 것은 용호교구를 통해 황아를 채취하여 단약을 이룰 수 없었기

103) 내단학에서 상수역학의 언어를 차용하는 것은 건곤감리의 법을 상징하기 때문입니다. 예를 들면 금단金丹의 도는 역易에서는 건곤감리乾坤坎離이며, 하늘에서는 28수와 일월이며, 내단에서는 용호와 수화이고, 약물에서는 납과 은 및 단사와 수은이며, 사람에 있어서는 부부와 남녀로 음양 두 글자에 불과합니다. 그래서 내단학에는 음양교구에 대하여 각종 다양한 방법을 말하고 있는데, 각종 비유의 명칭일 뿐이랍니다. 이러한 것은 실제로 있는 것에 의거한 것은 아니며 일종의 상징에 불과할 뿐이라는 거죠.

때문이다.[104]

즉 용호로 상징되는 수화이기가 교합하는 때를 알지 못하면 채취하는 방법은 더욱 알 수 없다는 것입니다. 때문에 용호교구를 통해 얻을 수 있는 황아黃芽는 물론 단약丹藥도 이룰 수 없다고 말하고 있습니다. 그러면서 그 방법을 제시하고 있습니다.

기氣는 올라가고 액液은 아래로 내려오기에 본래 교합할 수 없는 것이지만, 기 가운데 진일지수가 액을 만나면 서로 합할 수 있으며 액 가운데 정양지기가 기를 만나면 저절로 모이게 된다. 만약 전행할 때 법으로써 제압하여 신기腎氣가 달아나지 않게 하면 기 가운데 있는 진일지수眞一之水를 거두어 취할 수 있으며, 심액心液을 소모하여 흩어지지 않게 하면 액 가운데 정양지기正陽之氣를 채취할 수 있다. 이렇게 하면 아들과 어미가 서로 만나 서로 고대하며 연모하여 날로 서미黍米가 커져 백일동안 차질이 없게 되면 약의 힘이 완전해진다. 그리고 삼백일이 되면 선태仙胎가 완전해져 그 형체가 탄환과 같고 그 색은 붉은 귤과 같으니 '단약丹藥'이라 하는데, 하단전에 영구히 간직하면 육체를 지니고 세상에 살면서 영겁에 이르

---

104) 『鍾呂傳道集』: "腎氣易爲耗散, 難得者, 眞虎. 心液難爲積聚, 易失者, 眞龍. 丹經萬卷, 議論不出陰陽. 陰陽兩事, 精粹無非龍虎. 奉道之士, 萬中識者一二, 或以多聞廣記, 雖知龍虎之理, 不識交會之時, 不知採取之法. 所以古今達士, 皓首修持, 止于小成. 累代延年, 不聞超脱. 盖以不能交媾于龍虎, 採黃芽而成丹藥."

도록 장생하는 '육지신선陸地神仙'이 될 수 있다. [105]

즉 기氣 가운데 진일지수眞一之水와 액液 가운데 정양지기正陽之氣를 갈무리하고 있는 신장과 심장에서 달아나거나 소모하여 흩어지지 않게 하면 채취할 수 있으며, 단약을 하단전에 간직하면 지선地仙이 될 수 있다고 밝히고 있습니다. 이는『종려전도집』에서 분류한 귀선鬼仙 - 인선人仙 - 지선地仙 - 신선神仙 - 천선天仙 중 세 번째 단계에 해당한다고 볼 수 있는데, "지선이란 천지의 반이니 신선의 자질은 있으나 대도를 깨닫지 못하고 소성의 법에 머물러 공효를 보지는 못했으나 오직 세상에 오래 살면서 인간세계에서 죽지 않는 사람을 말한다."고 규정하고 있습니다. 따라서 지선地仙의 단계에 진입하기 위해서는 다음과 같은 수련을 거쳐야 한다고 합니다.

처음에는 천지승강의 이치를 본받고 일월이 생성되는 수數를 취하여 몸 가운데에 연월年月을 적용하고 하루 중의 시각을 적용시켜야 한다. 먼저 용호를 인식하여야 하며 다음으로 감리를 배합할 줄 알아야 한다. 또한 수水의 근원의 청탁을 판별하고 기후의 이르고 빠름을 분간하여 진일을 거두어들이고 음양을 살피며 삼재와 사상

---

105)『鍾呂傳道集』: "氣升液降, 本不能相交, 奈何氣中眞一之水見液相合, 液中正陽之氣見氣自聚. 若也傳行之時以法制之, 使腎氣不走失, 氣中收取眞一之水; 心液不耗散, 液中採取正陽之氣. 子母相逢, 互相顧戀, 日得黍米之大. 百日無差, 藥力全. 三百日聖胞堅, 三百日胎仙完. 形若彈丸, 色同朱橘, 名曰丹藥, 永鎭下田. 留形住世, 浩劫長生, 所謂陸地神仙."

을 분별하여야 한다. 그리고 오운을 분별하여 육기를 정하고 칠보(정精·혈血·기氣·수髓·뇌腦·신腎·심心)를 모으며 팔괘를 순서지어 구주(내단에서는 인체 장부에 비유)에 행하여야 한다. 오행이 전도되면 기가 아들과 어미에게 전달되고 액은 부부에게 행해진다. 상중하 삼단전에서 반복하여 단약을 익히어 이루고 영구히 하단전에 갈무리하면 형체를 단련하고 세상에서 살면서 장생불사하는 육지의 신선이 될 수 있다. 그러므로 '지선地仙'이라 하는 것이다. [106]

종려학파에서 주장하고 있는 용호교구는 인용문에서처럼 다양한 행법을 거쳐야 함을 강조하고 있습니다. 따라서 지선地仙 역시 고도의 수행법이 요구되고 있음을 볼 수 있죠. 그러나 진단이 「무극도」 제 4단계에 설정한 취감전리의 의미는 상단전을 중점으로 하는데, 종려학파에서는 용호교구를 통해 채약한 단약丹藥을 하단전에 온양한다는 점이 다릅니다. 아마도 종려학파에서는 지선地仙 다음 단계의 신선神仙을 염두하고 그러한 것 같기도 합니다.

신선神仙이란 지선地仙으로서 속세에 머무는 것이 싫어 끊임없이 수련을 하여 관절이 서로 이어지고 연鉛을 추출하여 홍汞에 첨가하

---

106) 『鍾呂傳道集』: "始也法天地升降之理, 取日月生成之數. 身中用年月, 日中用時刻. 先要識龍虎, 次要配坎離. 辨水源淸濁, 分氣候早晚. 收眞一, 察二儀, 列三才, 分四象, 別五運, 定六氣, 聚七寶, 序八卦, 行九洲. 五行顚倒, 氣傳子母而液行夫婦也. 三田反復, 燒成丹藥, 永鎭壓下田, 煉形住世而得長生不死, 以作陸地神仙, 故曰地仙."

고, 금정을 정수리에서 단련하여 옥액환단을 이루고 형체를 단련하여 기를 이루며 오기조원하니 삼양三陽이 정수리에 모인다. 공력이 원만해지면 형체를 잊고 선태에서 스스로 변화하여 음을 모두 제거하고 순양체가 되니 몸 밖에 또 몸이 있게 된다. 몸의 기질을 벗고 신선으로 승화하여 인간세계를 초월, 성인의 세계로 들어가 속세를 벗어남으로써 삼신산으로 돌아가니 곧 '신선神仙'이라 한다. [107)]

이와 같이 종려학파에서 규정한 네 번째 단계인 '신선神仙'은 「무극도」에서 제4단계로 설정한 채약의 단계와 유사함을 볼 수 있습니다. 진단이 『관공편觀空篇』에서 "색色하면서 색하지 아니함을 알고 공空하면서 공하지 아니함을 아니, 이에 진공眞空이 한 번 변화하면 진도眞道를 생하고, 진도가 한 번 변화하면 진신眞神을 생하고, 진신이 한 번 변화하면 만물이 생하여 갖추어 지지 아니함이 없으니, 이것이 신선神仙이다."라고 규정하고 있는 네 번째 진공眞空의 단계와도 비교할 수 있습니다. 담초 또한 용호교구에 관하여 상징적으로 표현하고 있습니다.

용호龍虎가 변화하면 허공을 밟을 수 있는데, 허공은 텅 비어 아무것도 없는 게 아니며 금석을 꿰뚫을 수 있지만, 금석은 있지 아니

---

107) 『鍾呂傳道集』: "神仙者, 以地仙厭居塵世, 用功不已, 關節相連, 抽鉛添汞而金精煉頂. 玉液還丹, 煉形成氣而五氣朝元, 三陽聚頂. 功滿忘形, 胎仙自化. 陰盡陽純, 身外有身. 脫質升仙, 超凡入聖. 謝絶塵俗以返三山, 乃日神仙."

한 게 아니다. 유무有無는 서로 통하고 물아物我는 서로 같다. 그 태어남이 시작도 아니고, 그 죽음이 끝도 아니다. 이 도道를 아는 자는 그 형形도 죽지 아니하며 그 신神도 죽지 않는다.[108]

용호 즉, 감리가 변화하여 순양과 같이 근본으로 돌아갈 수 있는 매개역할을 하고 있음을 말하고 있습니다. 진단은 『관공편』에서 취감전리의 중요성을 역설적으로 표현하고 있습니다.

허虛하면서도 받아들이지 아니하고 고요하면서 능히 맑기는 하나, 오직 리괘離卦 중효中爻의 허(음효陰爻)에 임하면서도 감괘坎卦 중효中爻의 가득 참(양효陽爻)을 알지 못하니, 그 중묘지도를 걸어 잠근 채 고음孤陰만을 지키니 끝내 묘명의 귀신이 된다.[109]

「무극도」의 취감전리를 표현하고 있는 네 번째 도식은 리괘☲와 감괘☵를 상징하고 있는데, 전체적으로는 양의를 품고 있는 태극을 의미하고 있습니다. 진단은 『옥전玉詮』에서 이러한 태극의 의미를 다음과 같이 규정하고 있습니다.

---

108) 『化書·龍虎』: "龍化虎變, 可以蹈虛空, 虛空非無也. 可以貫金石, 金石非有也. 有無相通, 物我相同. 其生非始, 其死非終. 知此道者, 形不可得斃, 神不可得逝."
109) 『觀空篇』: "虛而不受, 靜而能淸, 惟任乎離中之虛, 而不知坎中之滿, 扃其衆妙, 守於孤陰, 終爲杳冥之鬼."

태극太極은 곧 무극無極의 상태, 즉 양의兩儀로 아직 나뉘지 아니
하고 홍몽鴻濛도 아직 열리지 않아 위로는 해와 달이 아직 빛을 비
추지 아니하고 아래로는 산천이 아직 정해지지 않았다가 일기一氣
가 교융交融하자 비로소 만물이 온전히 갖추어지니 태극太極이라
이름한다."[110]

태초의 무극상태에서는 홍몽鴻濛하여 양의로도 나뉘지 않고 해와
달은 물론 산천도 없다가 음양일기가 교구하여 융합하자 비로소 일
월과 산천초목 등 만물이 갖추어 진다고 하였습니다. 여기에서 주의
할 것은 '태극은 곧 무극'이 아니라 태극은 양의를 함장하고 있는 ☯
이며, 무극은 천지일월도 갖추어지지 않은 홍몽鴻濛의 상태 즉 ○이
라는 점입니다. 태극은 음양일기를 함장하고 있으나 형形으로는 드
러나지 않은 선천음양, 즉 순음순양의 건곤괘라 할 수 있습니다.
　또한 진단은 수화교구를 강진降眞과 빈령牝靈으로 은유하여 말
하고 있습니다.

　나는 예전에 도道에 입문하였지만, 결코 수화를 승강시키는 방법
을 궁구해 본 적이 없었다. 다만 『심인경心印經』의 '존무수유存無守
有'라는 네 글자만을 가슴에 지녔을 뿐이다. '유무有無'라는 두 글자
는 음양 두 글자를 포괄하고 있다. 무無란 태극이 아직 갈라지지 않

---

110) 『玉詮』: "太極卽無極也, 兩儀未判鴻濛未開, 上而日月未光, 下而山川未奠, 一氣
交融, 萬氣全具, 故名太極."

은 때의 한 점의 태허한 영기靈氣로서 이른바 '눈으로 보아도 보이지 않으며, 귀로 들어도 들리지 않는다'는 바로 이것이다. 이 한 점의 영기가 심장으로 관통해 들어가게 되면 강진絳眞이라 부르며, 빈牝으로 흘러 들어가면 빈령牝靈이라 이르는 것이다. 전적으로 나의 심장에서 받아들이는 것이며 증가시키거나 감소시킬 수 없다.[111]

여기서 말하는 수화水火는 심신心腎으로 상징되는 성명性命적 요소의 음양이기를 말하고 있다고 보입니다. 강진絳眞은 중단전의 강궁을 의미하고 빈령牝靈은 하단전을 상징한다고 볼 수 있습니다. 위의 인용문에 보이는 증손增損에 대해 진단은 보다 자세하게 다음과 같이 말하고 있습니다.

무엇을 일러 증이라 하는가. 증이란 망령된 의념으로 현묘함에 처하려하고 헛되이 존상을 그려 이 한 점의 영기로 하여금 점차적으로 검게 물들게 하여, 본래의 진면목을 보지 못하고 항상 공을 세우거나 선을 행하려는 것으로 선천의 진기를 보하거나 환원할 수 없음을 말한다. 손이란 심心은 본래 고요한 것인데 의념으로 잡아당기어 심心이 동요하게 되면 본래의 강진絳眞을 이룰 수 없다. 신

---

111)『玉詮』: "我向年入道, 幷未曾究心於昇降水火之法, 不過持定心印經存無守有四字, 有無二字, 包括陰陽兩個字. 無者, 太極未判之時一點太虛靈氣, 所謂視之不見, 聽之不聞是也. 這點靈氣貫入於心, 則曰絳眞. 流入於牝, 則曰牝靈. 全在我心承受, 不可增損."

장은 본래 자양하는 것인데 소모하여 신장이 고갈되면 그 빈령牝靈을 채울 수 없다.[112]

진단은 내단수련의 요점을 망령되어 집착하지 않는 것으로 보고 있는데, 만약 의념이나 존상법을 통해 유위법有爲法으로써 수련을 하게 되면 취감전리의 참 의미를 찾을 수 없을 뿐만 아니라 환정보뇌還精補腦는 있을 수 없다고 주장하고 있습니다. 또한 성명性命적 의미를 함유한 수화이기를 상징하고 있는 심신心腎의 본래 면목을 헤아리지 못하고 손상시키면 강진絳眞과 빈령牝靈을 이룰 수 없다고 피력하고 있습니다. 즉 무위자연의 도를 추구할 것을 강조하고 있다고 보입니다. 진단은 채약단계인 취감전리를 유위법이 아닌 무위법으로 규정하고 있다고 할 수 있습니다.

자연히 강진과 빈령이 서로 교합하고 수화가 암암리에 교구하므로 화로에 불을 지피거나 부뚜막을 만들 필요가 없다. 자연히 진기가 날마다 응결되고 구광이 날마다 출현하게 되니 장생할 수도 있고 세상을 구제할 수도 있다.[113]

---

112)『玉詮』: "如何謂之增, 增者, 妄意坐玄, 虛摹存想, 使這一點靈氣漸染成黑, 不見本來, 總使立功行善矣. 不能補還先天眞氣矣. 損者, 心本靜也, 念以牽之, 使心搖撼, 而不能成其眞, 腎本滋也, 欲以耗之, 使腎枯渴, 而不能廓其靈."
113)『玉詮』: "自然絳眞與牝靈相合, 水火暗交, 不要起爐作竈, 自然眞氣日凝, 九光日現, 可以長生, 可以濟世矣."

이 단계는 분명 무위법이기에 자연스럽게 강진과 빈령이 서로 교합하고 심화와 신수가 교구하니 진양화니 퇴음부니 하는 화후도 필요 없다는 말입니다. 이는 달리 용호교구라고도 하는데, 곧 성태聖胎가 응결되었음을 의미하고 있습니다.

용龍과 호虎가 서로 교류하는 것을 일러 단丹이라 하며, 상중하 삼단전을 합일하는 것을 일러 료了라 한다. 만일 수행하는 사람이 이것의 근원을 안다면 곧 도道에 가까이 들어갈 수 있을 것이다. [114]

진단은 『지현편指玄篇』에서 성태의 응결을 보다 구체적으로 설명하고 있습니다.

아득하게 아무런 종적도 없이 현무玄武로 돌아가, 은밀한 기틀에 잠적하고 있다가 성태를 맺는다. [115]

상단전인 니환궁에 잠적하고 있다가 그곳에서 성태, 즉 영아嬰兒를 양육할 준비가 되었음을 상징적으로 표현하고 있습니다. 또한, 진단은 『관공편』에서 '법공法空'을 설명하면서 다음과 같이 표현하고 있습니다.

---

114) 『陳希夷胎息訣』: "龍虎相交, 謂之曰丹. 三丹同契, 謂之曰了. 若修行之人知此根源, 乃可入道近矣."
115) 『指玄篇』: "邈無蹤迹歸玄武, 潛有機關結聖胎."

움직이면서도 요란스럽지 아니하고 고요하면서 생生 할 수 있다. 홀로 있는 잠룡潛龍을 쓰지 않고 건위乾位에서 처음 현곡玄谷을 통하니 무색무형無色無形의 가운데에서 무사無事요 무위無爲이니 천도天道에 합습함이라. 이것을 막 득도得道한 자라 한다. [116)

여기서 말하고 있는 법공法空의 단계는 성性적 요소인 선천일기의 순양을 채약하여 천도와 합일한 유위가 아닌 무위의 단계로 진입한 것으로 '득도지초得道之初'라 규정하고 있습니다. 진단은 『주역』중천 건괘의 "초구初九는 잠룡潛龍이니 쓰지 말라"를 인용하고 있는데, 여기서 용龍은 양기를 상징하고 있으나 아직 성숙되지 않았으니 함부로 쓰지 말라는 의미를 함축하고 있습니다. 즉 상단전인 니환궁에서 영아嬰兒가 어느 정도 유포乳哺 단계를 거쳐 성숙해야 양신출태陽神出胎 할 수 있음을 암시하고 있습니다.

취감전리를 통해 양신陽神을 이루었다는 것은 곧 태극을 의미하고 있습니다. 진단은 태극에 관해 "일기一氣가 서로 교구하여 융합되면 온갖 기가 온전하게 갖추어진다. 그러므로 이를 태극이라 부르는데, 내 몸이 생겨나기 이전의 본래 면목"이라며 선천진일지기가 곧 성性적 의미를 함유한 태극임을 밝히고 있습니다.

일반적으로 도교 내단수련론으로 정형화된 축기築基 – 연정화기

---

116) 『觀空篇』: "動而不撓, 靜而能生, 塊然勿用於潛龍, 乾位初通於玄谷, 在乎無色無形之中, 無事也, 無爲也, 合於天道焉, 是爲得道之初者也."

煉精化氣 – 연기화신煉氣化神 – 연신환허煉神還虛라는 4단계 속에 보다 세밀하게 오기조원五氣朝元과 취감전리取坎塡離라는 단계를 설정하고 있는데, 이는 「무극도」만의 특징이라 할 수 있습니다.

제5절
———
무극도
수련 5단계
— 탈태脫胎
(연신환허煉神還虛·
복귀무극復歸無極)

「무극도無極圖」의 제5단계는 제4단계에서 성태聖胎가 이루어져 이제는 성숙한 양신陽神이 태胎를 벗어나 도道와 합일하여 연신환허하고 복귀무극하는 탈태脫胎, 즉 내단수련의 최종목표라 할 수 있는 진선眞仙을 이루는 단계입니다. 연신환허의 단계는 '9년관'이라고도 하는데, 먼저 3년은 상단전인 니환궁에서 영아에게 젖을 먹이듯 아직 어린 양신을 기르고 나머지 6년은 대우주와 합일하는 환허합도의 공부라는 게 도교 내단수련의 일반적인 인식이라 할 수 있습니다.

이러한 수련에 있어서 무엇보다 중요한 것은 종려학파나 담초, 진단 모두 무위자연의 심법心法을 우선시하고 있습니다. 종리권은 선인의 단계를 귀선鬼仙-인선人仙-지선地仙-신선神仙-천선天仙으로 분류하고 있는데, 내단수련가의 최종 목표인 천선의 경지에 대해 다음과 같이 규정하고 있습니다.

신선이 되어서도 삼도(봉래蓬萊, 방장方丈, 영주瀛州)에 살기 싫으면 인간세계에 도를 전하여야 하는데, 도에도 공효가 있고 인간세계에서 수행함에 있어 공덕과 행적이 만족하게 되면 천서를 받아 동천으로 돌아가게 되니 이를 '천선天仙'이라 한다. 이미 천선이 되었어도 동천에서 머물기 싫다면 선관의 직책을 받게 되는데, 하직을 수관이라 하고, 중관을 지관이라 하며, 상관을 천관이라 한다. 천계와 인간세계에서 큰 공덕이 있고 고금에 큰 행적이 있으면 관직이 승진하여 36동천을 모두 역임하고, 81양천陽天으로 돌아와 또 81양천의 관직을 모두 역임하고 나서야 삼청三淸의 허무자연세계로 돌아가게 된다.[117]

종려학파에서 규정하고 있는 신선이 되어서도 일정한 수행 공적을 닦아야만 천선이 될 수 있으며, 또한 여기에 그치지 않고 선관仙官이라는 직책을 수행하며 36동천과 81양천이라는 광대한 세계를 거쳐서야 비로소 허무의 자연 경계인 무극으로 돌아갈 수 있다는 것이죠. 그러면서 종리권 자신의 수련경지를 다음과 같이 말하고 있습니다.

나의 수련이 완성된 즉, 충화의 기가 모여 흩어지지 않아 태허의

---

117) 『鍾呂傳道集』: "神仙厭居三島而傳道人間, 道上有功, 而人間有行, 功行滿足, 受天書以返洞天, 是曰天仙. 旣爲天仙, 若以厭居洞天, 效職以爲仙官: 下曰水官, 中曰地官, 上曰天官. 於天地有大功, 於今古有大行. 官官升遷, 歷任三十六洞天, 而返八十一陽天, 歷任八十一陽天, 而返三淸虛無自然之界."

참 성품에 이르고, 편안하고 담담하여 인위적인 함이 없어도 신神이
도道에 합일하여 자연으로 돌아간 즉, 무심함으로 마음을 삼으매
나의 몸이 있음도 모르겠구나. 희이希夷의 경지로 들어갔구나.[118]

종리권은 충화의 기를 통해 무극인 태허太虛에 복귀한 것을 수련
의 완성이라고 표현하고 있습니다. 유위가 아닌 무위로써 몸과 마음
을 자연스럽게 운용하고 있음을 보여주고 있죠. 담초 또한 수련의
궁극에 도달하였음에도 항상 바른 심신心身의 운용을 강조하고 있
습니다.

하늘은 빈틈이 없고 신명神明 또한 멀리 있지 않다. 이 때문에 군
자는 항상 그 마음을 바르게 하고, 항상 그 모습을 의젓이 하니 하
늘을 자유롭게 날 수도 있으며 신명과 사귀어도 허물이 없다.[119]

진단 역시 수련의 궁극을 완성하려면 무엇보다 몸과 마음의 바른
운용 이외에 다른 것이 없다고 강조합니다.

현묘함을 닦는 것은 다른 방법이 없다. 다만 마음을 고요히 태허

---

118)『道樞·靈寶篇』: "吾之修煉之成, 則冲和之氣凝而不散, 至虛眞性, 恬淡無爲, 神
合乎道, 歸於自然, 則以無心爲心, 不知己之有身也. 其入希夷之域者乎."
119)『化書·游雲』: "寥廓無所間, 神明且不遠. 是以君子常正其心, 常儼其容, 則可以
遊泳於寥廓, 交友於神明而無咎也."

에 머물게 해 자신의 몸을 낳고 명을 받은 곳을 몸소 체득하여, 배양하고, 부양하여 보호해야 할 따름이다. 그러므로 '근본으로 돌아간다'거나 '생명의 근원을 회복한다'라고 말하는데, '명심응신冥心凝神'이라는 네 글자를 벗어나지 않는다. [120]

명심응신冥心凝神, 즉 마음을 고요히 하여 자신의 몸을 낳고 수명을 받은 태허에 집중시켜 정기신 삼보三寶의 합일체인 '원신元神'을 길러나감을 말하고 있습니다. 이는 신神을 단련하여 태허로 되돌아가는 '연신환허'를 말하며 태초의 상태인 무극으로 돌아가는 '복귀무극復歸無極'을 의미하고 있다고 보입니다. 우주생성론의 입장에서 본다면 무극은 우주가 열리기 전의 태초라 할 수 있습니다. 이에 관해서 진단은 다음과 같이 규정하고 있습니다.

무극은 태극으로 아직 갈라지지 않은 때의 한 점 태허太虛한 신령스러운 기氣로 이른바 보려고 해도 보이지 않고, 들으려 해도 들리지 않는 이것이다. [121]

무극은 태허이며 '연신환허하고 복귀무극'이라 함은 우주생성의 최초 단계로 돌아감을 의미합니다. 진단은 『관공편』에서 공력의 단계

---

120) 『玉詮』: "故修玄無別法, 只須冥心太無, 體認生身受命之處, 而培養之, 扶植之, 保護之而已. 故曰歸根, 曰復命, 要不出冥心凝神四字."
121) 『玉詮』: "無者太極未判之時一點太虛靈氣, 所謂視之不見, 聽之不聞是也."

를 완공頑空(지우至愚)－성공性空(단견斷見)－법공法空(득도得道)－
진공眞空(신선神仙)－불공不空(진선眞仙)의 다섯 층차로 구분하고 있
는데, 무극은 바로 최고의 단계인 불공, 즉 진선眞仙의 단계라 할 수
있습니다.

다섯 번째는 불공不空이라 말하니 무엇인가? 하늘은 높고 또 맑
아서 해와 달, 별들을 포용하고 있습니다. 땅은 고요하고 또한 편안
하여 산천과 초목을 지니고 있습니다. 사람은 텅 비우고 무위함으로
신선이 되는 것이죠.

> 천지인 셋은 허로부터 나온 이후에 이루어진 것이다. 일신一神이
> 변화하여 온갖 신이 모습을 갖추고, 일기一氣가 변화하여 구층의
> 기가 화합된다. 그러므로 움직임은 고요함을 기초로 하고, 유有는
> 무無를 근본으로 하는 것이다. 이것이 항룡亢龍이 회수回首하는 고
> 도의 진선인 것이다. [122]

여기서 말한 불공不空의 경계가 곧 진선眞仙이라는 설명입니다.
우주 구성의 3대 요소인 천지인 모두가 '허虛'인 '무無'에서 일신일기一
神一氣로 나와 만물과 우주 전체를 이루는 진공묘유의 기로 화합되
어 있으며, 또한 유무와 동정이 유기적으로 연대되어 있음을 몸소 체

---

122)『觀空篇』:"三者出虛, 而後成者也. 一神變而千神形矣, 一氣化而九氣和矣. 故動
者, 靜爲基; 有者, 無爲本. 斯亢龍回首高眞也."

득하여 알았을 때가 진선의 경계에 들어섰음을 뜻한다고 말하고 있습니다. 진단은 이러한 진선의 경계에 도달하는 방법으로서 수공법을 강조하고 있습니다. 후대 사람들에게 수선睡仙이라 칭송받은 진단의 저작 중 양신출태를 통해 선계를 오가는 모습을 들여다보면 보다 명확해집니다.

> 나의 신神은 구궁九宮을 나와 자유롭게 청벽靑碧을 주유한다. 허공을 실제 땅을 밟듯이 밟으며, 하늘로 오르는 것을 마치 땅으로 내리듯 하며 앞으로 나아가 상풍祥風과 함께 노닐며 바람과 같이 한가로운 구름과 함께 출몰하니 앉아서도 곤륜자부崑崙紫府에 다다르고 복지동천福地洞天을 두루 돌아다닌다. 일월의 정화精華를 맛보면서 연하煙霞의 절경을 완상하고 진인을 방문하여 방외의 이치를 논하고 선자仙子와 기약하여 이역을 여행하노라. …… 그러므로 지인至人의 잠이란, 세월 감을 모르니 어찌 천지개변을 걱정하겠는가?[123]

「무극도」에서 설정한 마지막 단계인 '연신환허와 복귀무극'의 수련은 수공睡功을 통해 실천하고 있음을 보여주는 사례라 할 수 있습

---

123) 『歷世眞仙體道通鑑』: "吾神出於九宮, 恣游靑碧, 履虛如履實, 昇上若就下, 冉冉與祥風遨遊, 飄飄共閑雲出沒, 坐至崑崙紫府, 遍履福地洞天. 咀日月之精華, 玩烟霞之絶景. 訪眞人, 論方外之理, 期仙子爲異域之遊. …… 故其睡也, 不知歲月之遷移, 安愁陵谷之改變."

니다. 즉 진단 자신의 양신陽神이 상단전에 소재한 구궁을 빠져나와 자유롭게 선계를 여행하는 모습을 그리고 있습니다. 또한 인용문에 나타난 것처럼 고요함의 극치에 이르렀을 때 가능한 태식호흡胎息呼吸을 하고 있음을 알 수 있습니다. 『성명규지性命圭旨』에서 인용한 진단의 『지현편』의 일부인 「유선시遊仙詩」에서도 이와 같은 경계를 인지할 수 있습니다. 즉 "마음을 텅 비워 괴로움이 완전히 사라지게 되면 무슨 생사가 있으며 구애받음이 있겠는가! 하루아침에 태마저도 벗어버리고 (선계를) 소요하는 대장부가 되었는데"라는 내용입니다. 이 「유선시」에서 진단 자신이 탈태하여 복귀무극하고 있음을 단적으로 보여주고 있습니다. 이렇듯 생사라는 윤회의 속박을 벗어난 것은 「무극도」의 최고 경지가 곧 불교 선종의 진여각성眞如覺性과 별반 다르지 않음을 드러내고 있다고 보입니다.

　　진단은 특히 「무극도」의 최고 경지에 오를 수 있는 조건으로 어린아이와 같은 순진무구함을 강조합니다. 그러면서도 「무극도」의 제1단계인 현빈지문을 통하는데도 역시 환동還童을 주장하고 있습니다. 즉 "오직 이와 같은 어린아이의 자질로 돌아가야 만이 비로소 선인과 범인의 한계를 판단하는 것이다. 선仙이 마음에 있으니 마음을 수양하지 않고는 어린아이로 돌아갈 수 없다. 그 이치가 현빈에 깃들어 있으니, 현빈을 깨닫지 않고는 어린아이라 말하기 어렵다."고 강조하고 있습니다. 그는 '환동還童', 즉 어린아이와 같은 몸과 마음이 회복되어야 만이 수련에 임할 수 있으며, 또한 최고의 단계인 복귀무극에 이를 수 있음을 강조하고 있습니다. 이러한 진단의 주장은 「무극도」

가 단순히 득규得竅(현빈지문玄牝之門) → 연기煉己(연정화기煉精化氣와 연기화신煉氣化神) → 화합和合(오기조원五氣朝元) → 채약採藥(취감전리取坎塡離) → 탈태脫胎(연신환허煉神還虛와 복귀무극復歸無極)라는 계단식의 상향적 수련방식만이 아니라 종국에는 ○(원圓)과 같이 시작도 없고 끝도 없는 무시무종無始無終의 의미를 함의한 것으로 파악된다고 할 수 있습니다.

따라서 진단의 후대 사람인 남파의 개산조 장백단의 선명후성先命後性이나 북파를 개창한 왕중양의 선성후명先性後命에서 주장하는 것처럼 성性과 명命 중 어느 것을 선후로 닦느냐보다는 항상 동시에 성명쌍수해야 함을 강조하고 있다고 보입니다. 성性과 명命이 분리될 수 없듯이 우리 자신의 원신元神이 육신에 머물러 있는 한 명공수련을 도외시할 수는 없습니다. 또한 성공수련의 주체인 마음이 육신에 머무르지 아니한 채 명공수련을 한다고 해도 수련의 성과를 기대하기는 어렵다고 봅니다.

전체적인 입장에서 볼 때, 진단은 수련의 경지가 상당한 수준에 올랐음에도 몸과 마음의 수련을 항상 병행하였던 것으로 파악됩니다. 그래서였는지 그는 "도를 수행하고자 한다면 고요하고 한가롭게 은거하면서 도인導引과 고치叩齒 그리고 정신을 모아 악고握固하고 평좌하고서 은밀하게 행하여야 한다. 지켜야 될 것으로 먹는 것을 줄이고 말을 적게 하며 즐거워하거나 화내지 말아야 된다."며 아주 기본적인 명공수련적 요소와 함께 성공수련적 방법론을 강조하고 있습니다. 그러면서 "묵묵한 마음으로 수련하고 고요하게 뜻을 보지

保持하여 초심에서 물러서지 않고 처음의 의지로 근면하게 나아가면서 단련하고 복기服氣하면 진선眞仙을 이룰 수 있다."고 피력하고 있습니다.

이상에서 살펴본 것처럼 진단이 「무극도」에서 추구한 내단수련법은 성性과 명命을 동시에 닦아가는 성명쌍수에 있음을 알 수 있습니다. 즉 하단전으로 상정한 현빈지문에서 고요한 내관을 통해 득규를 한 다음, 하단전에서 정精을 단련하여 임독맥의 소주천을 통해 기氣와 합하고 중단전에서 정精과 합일된 기氣를 단련하여 상단전의 신神과 합하여 신수神水를 이루어 연기煉己 과정을 이룹니다.

연기煉己의 단계에서 얻어진 신수神水를 오장육부로 흐르게 하여 장부의 음신을 제거하면 수화이기로 화합되어 상단전인 니환궁에 조원한다고 합니다. 이때 수화를 상징하는 감리괘의 중효를 선천으로 되돌려 순음순양의 건곤괘가 이루어지면 니환궁인 성태에서 영아의 양신이 자라나 양신출태陽神出胎하여 태허와 무극으로 다시 돌아가 진선眞仙을 이룬다는 것이 「무극도」의 요지입니다.

이와 같은 「무극도」의 논지는 진단에게 많은 영향을 미친 종려학파의 수련층차인 '축기築基 → 연형화기煉形成氣 → 연기화신煉氣成神 → 연신합도煉神合道'에서 보다 발전된 수련 단계를 설정하고 있습니다. 이러한 발전적 경향은 진단이 유불도 삼교를 융합하려한 사상기반에서처럼 다양하게 분화된 도교 내단수련 형식을 종합적인 인식에서 단계별로 융합한 것이라 할 수 있습니다. 그럼에도 불구하고 후대의 주요 내단 학파인 남종, 북종, 서파, 중파 등에서 수련 단계를 거의 동일하게 '축기築基 → 연정화기煉精化氣 → 연기화신煉氣化神 → 연신환허煉神還虛'로 설정한 것은 진단에 비해 종려학파의 핵심 인물인 종리권이나 여동빈을 조종으로 삼거나, 자신들 도맥의 계보에 포함시키려고 한 의도 때문인 것으로 보입니다.

또한 「무극도」에서 볼 수 있듯 다섯 단계를 도형한 그림에 아주 간명하게 '득규得竅(현빈지문玄牝之門) → 연기煉己(연정화기煉精化氣와 연기화신煉氣化神) → 화합和合(오기조원五氣朝元) → 채약採藥(취감전리取坎塡離) → 탈태脫胎(연신환허煉神還虛와 복귀무극復歸無極)'라는 용어만을 부기한 것은 『정역심법주正易心法注』에서 복희씨의 선천역학을 회복하자면 무엇보다 '심법心法'을 통해 그 의도를 파악해야 한다고 강조한 것과 그 맥락을 같이한 것이라 볼 수 있습니다. 이는 곧 「무극도」에 특별한 설명을 부기하지 않은 진단의 의도를 파악할 수 있는 근거가 되고 있습니다.

제4장

진단陳摶의
수공법睡功法
(수면 명상법)

중국의 도가·도교 신선 중에서 수선睡仙으로 추앙받고 있는 인물로는 단연 희이希夷 진단陳摶을 꼽을 수 있습니다. 사료적으로 보아도 수공과 관련한 거의 모든 기록에서 진단을 수공법의 조종祖宗으로 삼는 경우가 대부분이랍니다.

앞 장에서 살펴본 「무극도」는 진단의 내단수련 사상이 응집된 결정체로 볼 수 있습니다. 이러한 내단수련의 종합도를 그려낼 수 있는 근저에 진단의 실천적 수련 수단이었던 수면 명상법인 수공법이 그 바탕이 되었음은 부인할 수 없는 일일 것입니다.

「무극도無極圖」의 수련단계인 득규得竅(현빈지문玄牝之門) → 연기煉己(연정화기煉精化氣와 연기화신煉氣化神) → 화합和合(오기조원五氣朝元) → 채약採藥(취감전리取坎塡離) → 탈태脫胎(연신환허煉神還虛와 복귀무극復歸無極)와 같은 모든 층차별 수련법들이 동공動功이 아닌 정공법靜功法 위주로 되어 있음을 볼 수 있습니다. 이는 노자老子가 『도덕경道德經』 제16장에서 강조한 "완전한 비움에 이르고, 돈독히 고요함을 지키는 것(치허극致虛極, 수정돈守靜篤)"이 곧 「무극도」의 내단수련에서 추구하는 최고 경계인 연신환허煉神還虛하고 복귀무극復歸無極에 이를 수 있는 수련의 첩경임을 고려할 때, 진단이 추구해 온 수공법은 매우 중요한 의미를 지니고 있다고 볼 수 있습니다.

이러한 수공법을 살펴볼 수 있는 기본 자료로는 진단이 저작한 것으로 알려진 『역세진선체도통감歷世眞仙體道通鑑』에 수록된 「답금려문수答金礪問睡」와 『태화희이지太華希夷志』의 「수가睡歌」 그리고 『칩룡법蟄龍法』 등과 몇 편의 유선시가 있습니다. 여기에 진단 수공법의 비의秘意가 화룡진인火龍眞人·장삼봉張三丰·이함허李涵虛·오천질吳天秩·왕동정汪東亭·서해인徐海印으로 도맥을 이어오며 대강서파大江西派를 중심으로 구전되어 온 비전秘傳을 문자로 기록한 『천락집天樂集』[124]이 있습니다. 이외에도 명대 주리정周履靖이 편찬한 『적봉수赤鳳髓』권3에 실려 있는 『화산십이수공華山十二睡功』과 『성명규지性命圭旨』에 수록된 요룡반체법五龍盤體法 등이 있으나 진단이 추구한 수공법과는 차이가 있어 본 책에서는 논외로 하였습니다.

---

124) 『천락집天樂集』은 총 8권 186절로 구성된 방대한 분량으로 『도덕경』『장자』『열자』『주역참동계』『종려문집』『오진편』『삼봉집』은 물론 유가 및 불가의 서적을 널리 인용하여 도교 내단수련의 요지를 밝히고 있습니다. 이 저작은 1974년 진육조가 교감하여 초본이 세상에 나와 알려지게 되었습니다.

제1절

수공법睡功法의
연원과
사승師承

사람이 살아가는 데 있어 잠(수면)은 매우 중요한 생리적 현상입니다. 하루 24시간 중 적어도 8시간 정도는 수면을 취해야 건강한 삶을 유지할 수 있으며, 잠을 통해서 정상적인 체력과 안정된 정신을 회복할 수 있다고 봅니다. 따라서 잠은 인체의 생리기능을 정상적으로 작용할 수 있게 하는 동원이라 할 수 있습니다.

이러한 점을 감안한다면 수공의 필수조건인 수면의 연원은 인류 탄생과 함께 성립되었다고 볼 수 있습니다. 이러한 삶의 필수 불가결한 수면을 심신心身을 닦는 수련적 요소로 본격 차입한 것은 유불도 삼교 중 도교 내단수련에서 보다 적극적으로 수용하고 있습니다. 이러한 사유 중의 하나가 각 종교에서 잠에 대한 인식이 달랐기 때문이었을 것으로 생각됩니다.

유불도 삼교가 취하는 수련적 맥락에서 볼 때, 잠에 대한 인식은 매우 다릅니다. 유교는 잠의 가장 일반적 형태인 반듯이 눕는 것(앙와 仰臥)을 죽은 자의 모습이라며 금기시하고 있으며, 불교는 참선 시 몰려오는 잠을 수마睡魔라는 형태로 규정하며 수련의 방해요소로 인식하고 있습니다. 이에 비해 도교에서는 비교적 자유스럽게 잠을 수련의 한 형태로 받아들이고 있죠.

수면에 관한 사료를 살펴보면『논어論語』에 "소박하게 밥을 먹고, 물을 마시며, 팔을 굽혀 베개 삼으니 즐거움이 또한 그 가운데 있다. 의롭지 않은 부귀는 나에게 있어 뜬구름과 같으니라."고 말한 공자의 일상적인 삶 속에서의 한가지 즐거움이 소박한 잠 속에 있음을 엿볼 수 있습니다. 무욕의 실천을 통해 안빈낙도하는 삶 역시 자신을 관조하는 유교적 수양의 한 형태로 볼 수 있을 겁니다. 그러나 공자 역시 수공법의 가장 일반적 자세인 앙와仰臥는 취하지 않는 것으로 보입니다. 다만 비교적 짧은 시간 동안 취할 수 있는 팔베개를 한 측와側臥로써 대신하고 있습니다.

보다 수련적인 형식을 갖춘 것은 장자입니다. 그는『장자莊子·대종사大宗師』중에서 "옛날의 진인은 잠잘 때 꿈을 꾸지 않았으며 깨어나서도 근심이 없었다. 먹을 때에도 맛있는 것을 찾지 않았으며, 진인의 호흡은 깊고 깊어 종식踵息으로 하였으나 보통 사람들은 목구멍으로 숨을 쉰다."[125]며 무몽無夢과 종식踵息에 관한 내용을 언급하

---

125)『莊子·大宗師』: "古之眞人, 其寢不夢, 其覺無憂, 其食不甘, 其食深深, 眞人之息以踵, 衆人之息以喉."

고 있습니다. 여기서 꿈을 꾸지 않는다는 것은 무념무상無念無想과
도 같은 정定의 단계에 진입한 것을 의미하는 것으로 보입니다. 종식
역시 우리 몸의 말초신경이 모여 있는 발로 호흡한다는 것은 코가 아
닌 전신의 피부를 통해서 아주 깊고 은미함으로 일관하는 태식호흡
胎息呼吸이라 여겨집니다. 이러한 내용은 진단에게 상당한 영향을 미
친 것으로 추측됩니다. 진단이 북송의 태종에게 "『도덕경道德經』과
『남화경南華經』을 자주 본다."고 한 언급으로 보아도 그의 수공법의
핵심내용은 장자의 무몽과 태식호흡법을 근거로 삼았을 법합니다.

진단 수공법의 유래에 관해서는 『송사宋史·진단전陳摶傳』에 "복
기服氣와 벽곡辟穀 수련으로 20여 년을 지내면서도 하루에 술 서너
잔은 마셨다"[126]는 사적史籍에서 엿볼 수 있듯이 진단은 무당산 구
실암에 은거할 당시 도교 전통의 복기법과 벽곡수련을 하였다고 기록
하고 있습니다. 그는 또한 그곳에서 은거할 당시 지금의 사천성인 촉
蜀지방을 방문해 '천경관天慶觀의 도사 하창일에게 수공의 일종인 쇄
비술鎖鼻術을 배웠다'고 했습니다. 그러나 아쉽게도 쇄비술에 관한
기록은 물론 그 공법에 관한 구체적인 내용 역시 근거할만한 자료가
없습니다. 다만 쇄비술은 말 그대로 코를 닫고서 하는 호흡, 즉 태식
호흡胎息呼吸法을 의미하고 있다고 추측할 뿐입니다.

수공법에 관한 내용은 진단 이후 오랫동안 비밀스럽게 문파를 중
심으로 구전되어 왔던 것으로 파악됩니다. 서해인은 『천락집天樂集』

---

126) 『宋史』: "因服氣辟穀歷二十餘年, 但日飲酒數杯."

에서 "이함허 진인은 처음 장삼봉 선사를 만났고, 다음으로 여동빈 도조를 만나 문시文始[127]·동화東華[128] 두 문파의 심전心傳을 하나로 결집하여 도를 이루고 대강서파大江西派를 창립했다."[129]고 기록하고 있습니다. 대강서파를 창립한 이함허가 여동빈과 장삼봉에게 심전心傳을 받았다고 했는데, 여동빈은 진단의 『칩룡법』을 접한 후 『영칩룡법咏蟄龍法』을 지어 찬탄했고, 장삼봉은 『칩룡법발蟄龍法跋』과 『칩룡음蟄龍吟』을 지어 진단의 수공법을 전수받은 사람은 오직 자신이라며, "다섯용이 깊은 연못을 날아올라 이 법을 도남 진단에게 전수하였다. 도남일파는 누구에게 전해주었겠는가? 랍탑도인邋遢道人 장삼봉"이라고 천명하고 있습니다.

대강서파의 도맥을 계승한 것으로 알려진 서해인은 그 사승師承 관계를 장삼봉(A.D. 1247~?) → 이함허(A.D. 1806~1856)[130] → 오

---

127) 관윤자關尹子를 도조로 한 문시파는 『문시진경文始眞經』을 단법의 요지로 삼고 있습니다. 이 파의 공법은 허무虛無를 근본으로 하고 양성養性를 종지로 삼은 단법 중의 최상승법이라 할 수 있습니다.

128) 남송초에 출현한 신부록파新符籙派의 일종으로 옥청원시천존玉淸元始天尊, 도군영보천존道君靈寶天尊, 태화천제太華天帝, 갈현葛玄, 정사원鄭思遠, 갈홍葛洪, 육수정陸修靜 등을 도맥의 계승관계로 설정하고 녕전진寧全眞(A.D. 1101~1181)이 창립하였습니다.

129) 『天樂集』: "涵虛眞人初遇三丰仙師, 次遇純陽道祖, 汇文始, 東華兩派之心传, 道成創立大江西派."

130) 서파를 창립한 이함허는 초명은 원식元植, 자字는 평천平泉, 후에 서월西月로 개명하였으며 호는 함허涵虛나 장을산진인長乙山人 등이 있습니다. 주요 저작으로는 『태상십삼경주해太上十三經註解』, 『무근수주해無根樹註解』, 『구층연심법九層煉心法』, 『도규담道竅談』, 『삼거비지三車秘旨』 등이 있습니다.

천질[131] → 왕동정[132] → 서해인 자신으로 규정하고 있습니다. 따라서 수공법은 진단 → 화룡진인[133] → 장삼봉을 거쳐 대강서파에 비밀리에 전수된 것으로 추정되고 있습니다.

---

131) 이함허의 제자로 왕동정에게 칠반구환七返九還 및 금액대단법金液大丹法과 화후차서火候次序의 비결을 전수한 인물로 생몰에 관한 자세한 기록이 없습니다.

132) 이서월(함허)의 재전제자인 청말의 저명한 내단수련가로 자호는 체진산인體眞山人이며 안휘성 휴녕사람입니다. 오천질에게 비결을 전수받았으며 저서로『성명요지性命要旨』,『교외별전教外別傳』,『삼교일관三教一貫』,『도통대성道統大成』,『오충허선불합종吳沖虛仙佛合宗』등이 있습니다.

133)『장삼봉선생전집』에 따르면 화룡진인은 가덕승이라 합니다.『송사』진단 관련 문헌에 따르면, 진단이 연화봉 아래 장초곡에서 죽기 전 석굴을 파도록 지시한 제자가 가덕승인데, 그에 관한 문헌은 찾아볼 수가 없습니다.

제2절

———

수공법睡功法의
개요

진단의 수공법

　진단의 주요한 저작들이 유불도 삼교를 융합한 내단수련의 관념
적 개념정리의 성격을 띠고 있다면, 『역세진선체도통감歷世眞仙體道
通鑑』에 수록된 「답금려문수」에 나타난 수공법은 그가 실천적으로 내
단을 단련한 방법이라 할 수 있습니다. 「답금려문수」는 금려라는 사
람이 진단을 찾아와 '수睡에도 도道가 있는지' 궁금해 하며 수공의 비
의秘意에 대해 설명해 주기를 간청하자, 먼저 세태를 한탄하며 다음
과 같이 말합니다.

　뜻밖에도 그대가 이렇게 나약하고 무능하다면 잠자리에서 일어
　나서도 (간밤에 일어난 일들을) 알 수 없으니, 생사를 벗어나 윤회를

뛰어넘고자 하여도 어렵겠구나. 요즘 사람들은 배불리 먹고 편안히 생활하면서 오직 의식이 풍족하지 않다는 것에 대한 걱정으로 급급하다. 배고프면 먹고 피로하면 눕고, 코 고는 소리가 사방에서 들려오고 하룻밤에도 문득문득 수차례 씩 잠에서 깨어난다. 명예와 이익이나 가무와 여색은 그 식신識神을 어지럽히고, 술과 기름지고 비릿한 것은 그 심지心志를 혼란스럽게 하니 이것은 세속의 잠이다. [134]

진단은 먼저 세속 사람들의 의식주에 대한 탐욕, 그리고 배불리 먹고 피로에 지쳐 잠에 곯아떨어진 모습과 함께 시름에 겨워 숙면을 취하지 못하는 사람들의 행태를 지적하고, 또한 명예와 잇속을 찾아 음주가무에 탐닉하면 식신識神은 물론 심지心志마저도 혼란에 빠진다고 역설하며, 이러한 것을 세속 사람들의 잠이라 규정하고 있습니다. 그러면서 자신의 실천적 수련 경험을 토대로 한 '수공법'과 그 경계를 말하고 있습니다.

만약 지인至人의 잠이라면, 금식金息(폐호흡)은 유보하여 갈무리해두고 옥액玉液(입안의 침)을 마시며, 금문金門(코)을 단단히 하여 열리지 않게 하고 토호土戶(입)도 닫아 열리지 않게 한다. 청룡青龍

---

134) 『歷世眞仙體道通鑑』: "不意子孱琱若是也, 於起居寢處尙不能識, 欲脫離生死, 躍出輪廻, 難矣. 今飽食逸居, 汲汲惟患衣食之不豐, 饑而食, 倦而臥, 鼾聲聞於四遠, 一夕輒數覺者, 名利聲色汩其神識, 酒醴膏膻昏其心志, 此世俗之睡也."

은 청궁을 지키게 하고 백호白虎는 서실을 지키게 하고서 진기眞氣
를 단지丹池에서 운전하며 신수神水는 오장육부를 순환케 한다.
갑정甲丁을 불러 그 시후에 어긋나지 않게 하고, 백령百靈을 불러
그 방을 호위케 한 연후에 나의 신神은 구궁九宮을 나와 자유롭게
청벽靑碧을 주유한다. 허공을 실제 땅을 밟듯이 밟으며, 하늘로 오
르는 것을 마치 땅으로 내리듯 하며 앞으로 나아가 상풍祥風과 함
께 노닐며 바람과 같이 한가로운 구름과 함께 출몰하니 앉아서도
곤륜자부崑崙紫府에 다다르고 복지동천福地洞天을 두루 돌아다닌
다. 일월의 정화精華를 맛보면서 연하煙霞의 절경을 완상하고 진인
을 방문하여 방외의 이치를 논하고 선자仙子와 기약하여 이역을 여
행하노라. …… 그러므로 지인의 잠이란, 세월 감을 모르니 어찌 천
지개변을 걱정하겠는가?[135]

진단은 지인至人의 '수공睡功'에 대한 전제로써 코와 입으로 하는
일반적인 호흡이 아닌 태식호흡胎息呼吸을 통한 피부호흡과 옥액환
단玉液還丹을 통한 복기법腹氣法을 강조하고 있습니다. 『송사·진단
전』에 "복기와 벽곡수련으로 20여 년을 지내면서 매일 술 서너 잔을

---

135) 『歷世眞仙體道通鑑』: "若至人之睡, 留藏金息, 飮納玉液, 金門牢而不可開, 土戶
閉而不可啓, 蒼龍守乎靑宮, 素虎伏於西室, 眞氣運轉於丹池, 神水循環乎五內, 呼甲
丁以直其時, 召百靈以衛其室. 然後吾神出於九宮, 恣游靑碧, 履虛如履實, 昇上若就
下, 冉冉與祥風遨遊, 飄飄共閑雲出沒, 坐至崑崙紫府, 遍履福地洞天. 咀日月之精華,
玩烟霞之絶景. 訪眞人, 論方外之理, 期仙子爲異域之遊. …… 故其睡也, 不知歲月之
遷移, 安愁陵谷之改變."

마셨을 뿐"이라고 언급하고 있듯이 진단은 화산으로 은거지를 옮겨 금려라는 사람에게 수공법에 대해 말해주기에 앞서 이미 무당산 구실암에 은거할 당시 도교 전통의 복기법과 벽곡수련을 하였다고 기록하고 있습니다. 또한 진단은 무당산에 은거할 당시 지금의 사천성인 촉지방을 방문해 "천경관의 도사 하창일에게 수공의 일종인 쇄비술을 배웠다"고 했습니다. 쇄비술은 코를 닫고서 호흡하는 즉 태식호흡법을 의미하고 있습니다.

진단이 수공수련 시 태식호흡을 하고 있음을 뒷받침하는 기록은 『역세진선체도통감』에 "희이 선생은 앙와하고 있었는데 들고나는 호흡이 없었고, 얼굴은 밝은 홍조를 띄고 있었다." 고 제삼자의 시각에서 무호흡無呼吸을 통한 수련 사실을 언급하고 있는 점을 보아도 그렇습니다. 이러한 사실은 후주後周의 세종이나 송宋 태종 역시 궁궐에 한 달여 이상 암묵적으로 감금한 채 진단의 수공에 대한 진위를 확인한 것에서도 짐작할 수 있습니다. 진단은 송 태종에게 「수가睡歌」라는 시를 지어 올리기도 합니다.

신臣은 잠자는 것을 좋아하고 아낍니다.

양탄자를 깔거나 이불을 덮지도 않습니다.

돌조각을 베개 삼고 도롱이로 땅을 덮습니다.

그리고는 남북으로 건 동서로 건 누워 잠을 잡니다.

뇌성벽력이 울리거나 태산이 무너져도,

만길 바닷물이 하늘에서 떨어지거나

검은 용이 울부짖어 귀신이 놀라도

신은 상관없이 곧 코를 골며 잠을 잡니다.

장량이나 범려, 조조나 유비 등 두세 분의 군자라도

이 같은 일을 당하면 어찌 작은 한가로움이나 느끼겠습니까?

산머리에서 불어오는 맑은 바람을 맞으며

자욱한 흰 구름 속에서 눈썹과 머리를 늘어뜨리고

배를 드러내고 잠을 자다 깨어나

붉은 노을 드리우며 서산으로 지는 해를 바라보는

신과 어찌하여 같겠습니까?[136]

　　진단은 자신이 실천적인 수련법으로 행하고 있는 수공睡功에 대
해 확신에 찬 어조로 태종에게 고하였습니다. 수공법은 범인들이 잠
을 자는 행태와는 사뭇 다름을 보여주는 사례라 할 수 있습니다.

　　또한 진단은 수공시 동방의 청룡과 서방의 백호, 그리고 갑정甲丁
과 백령百靈을 불러 잠든 육신을 보호케 하고 몸의 주인인 원신元神은
상단전인 니환궁을 빠져나와 선계는 물론 선계의 진인과 방외지사方
外之事를 나누며 이역을 여행한다고 설파하고 있습니다. 이러한 사실
은 진단의 다른 저작인 『관공편』과 「무극도」에서도 예시되어 있다고

---

136) 『太華希夷志』: "臣愛睡, 臣愛睡, 不臥氈, 不蓋被, 片石枕頭, 簑衣覆地, 南北任
眠, 東西隨睡. 轟雷掣, 泰山摧, 萬丈海水空裏墮, 驪龍叫喊鬼神驚, 臣當憑時正鼾睡.
閑想張良, 悶思范蠡, 說甚曹操, 休言劉備, 兩三個君子, 祇爭些小閑氣. 爭似臣, 向淸
風嶺頭, 白雲堆裏, 展放眉頭, 角開肚皮, 打一覺睡, 更管甚紅輪西墮."

볼 수 있습니다. 특히 진단은 수공법을 통해 「무극도」의 득규得竅(현빈지문玄牝之門) → 연기煉己(연정화기煉精化氣와 연기화신煉氣化神) → 화합和合(오기조원五氣朝元) → 채약採藥(취감전리取坎塡離) → 탈태脫胎(연신환허煉神還虛·복귀무극復歸無極)의 전 과정을 수공에 들 때마다 실천한 것으로 보입니다. 이는 「무극도」의 제1단계 및 2단계인 득규와 연기수련은 코와 입을 통한 호흡이 아닌 태식호흡을 통해 정·기·신 삼보를 신神으로 합일한 것에서도 알 수 있습니다. 또한 이렇게 합일된 신수神水를 오장육부에 순환케 하여 장부 간의 조화를 꾀하고, 이미 상단전인 니환궁의 성태聖胎에서 영아嬰兒로부터 성숙한 양신陽神은 구궁을 빠져나와 자유롭게 선계를 주유한다는 사실만으로도 「무극도」의 최고과정인 탈태에 이르렀음을 유추할 수 있습니다.

진단은 자신의 이와 같은 수공에 대한 내밀한 수련 과정을 금려라는 사람에게 일깨워 주고, 덧붙여 두 편의 시를 읊조려 줍니다.

보통 사람들에게는 소중한 게 없네,
오직 잠이 곧 소중한 것이라네.
온 세상 사람들이 숨 쉬고 있다지만,
혼이 몸을 떠나 움직이지도 않네.
잠이 깨어도 아는 바가 없어,
알려 들지만 마음만 더욱 요동치네.
속세에서도 천상의 웃음 짓지만,
육신이 곧 꿈이라는 것을 알지 못하네. [137]

지인은 본래 꿈을 꾸지는 않지만,

그 꿈이라는 게 선계를 유람하는 것이라네.

진인 또한 잠을 자지는 않지만,

그 잠이라는 게 선계를 부유하는 것이라네.

화로 속에는 장생불사의 약이 들어 있고,

호리병 속에는 별유천지가 있다네.

잠결 중의 꿈속 사실을 알고자 한다면,

인간 세상이 가장 현묘한 것이라네.

큰 꿈은 큰 깨달음을 이루고,

작은 꿈은 작은 깨달음밖에 얻지 못하네.

나의 잠은 참다운 잠이라네,

나의 꿈은 참다운 꿈이지, 세속의 꿈이 아니라네.[138]

　　진단의 이러한 유선시는 각종 기록에서 언급하고 있듯이 한 번 잠들면 수백여 일 동안 지속하는 '수공'의 양신출태를 통한 선계로의 자유자재한 유선遊仙의 산물로 보입니다. 이러한 사실은 불교의 '육신은 한낱 마음이 머무는 집'일 뿐이라는 심법적 요소와 '몸의 온전한 수련을 통해서만이 장생불사의 약'을 취할 수 있다는 도교적 수행관이

---

137) 『歷世眞仙體道通鑑』: "常人無所重, 惟睡乃爲重. 擧世以爲息, 魂離形不動. 覺來無所知, 貪求心愈動. 堪笑塵地中, 不知身是夢."
138) 『歷世眞仙體道通鑑』: "至人本無夢, 其夢乃遊仙. 眞人亦無睡, 睡則浮雲烟. 爐裏長存藥, 壺中別有天. 欲知睡夢裏, 人間第一玄. 夫大夢大覺也, 小夢小覺也, 吾睡眞睡也, 吾夢眞夢也, 非世夢也."

융해된 것이라 할 수 있습니다.

특히 북송의 태종에게 "『도덕道德』과『남화南華』를 자주 본다."고 한데서도 알 수 있듯이 진단은 노장사상을 자신의 저작에 융합시키고 있습니다. 특히『장자·대종사』에서 "옛날의 진인은 잠잘 때 꿈을 꾸지 않았으며 깨어나서도 근심이 없었다. 먹을 때에도 맛있는 것을 찾지 않았으며, 진인의 호흡은 깊고 깊어 종식踵息으로 하였으나 보통 사람들은 목구멍으로 숨을 쉰다."고 한 장자의 무몽과 종식을 자신의 실천적 수련 수단으로 활용하고 있다고 보입니다.

진단 수공법의 핵심사상이 집약된 것으로 여겨지는『칩룡법蟄龍法』을 살펴보면 이러한 사실은 더욱 명확해 집니다.

　　용이 원해로 돌아가니 양이 음에 잠기네.
　　사람들은 용이 숨는다고 말하지만, 나는 오히려 마음을 감춘다고 하네.
　　묵묵히 그 쓰임을 갈무리하고, 호흡은 더욱 깊고 은미하게 하네.
　　깊은 산중에서 은일 자중하고 있는데, 세상 사람들이 알 리가 있겠는가![139]

진단은『칩용법』이라는 간결한 이 수결睡訣에서 수공睡功 시 마음의 운용법에 대해 은유적으로 피력하고 있습니다. 여기서 용은 양

---

139)『蟄龍法』: "龍歸元海, 陽潛于陰. 人曰蟄龍, 我却蟄心. 黙藏其用, 息之深深. 白雲高臥, 世無知音."

이면서 심(마음)을 의미하고 있는데, 마음을 원해인 하단전, 즉 진단 자신이 현빈일규로 상정한 곳에 집중하여 한 생각도 일지 않도록 단속하는 것을 시작으로, 은미하고 깊은 태식호흡으로써 '마음을 텅 비우고 고요함을 지켜'가면서 세속과 인연을 놓은 채 「무극도」에 제시한 다섯 단계의 내단수련법을 단련한 것으로 볼 수 있습니다. 진단의 수공법을 오직 자신만이 전수받았다고 천명한 장삼봉은 『칩룡법발蟄龍法跋』에서 다음과 같이 주장합니다.

혹자들은 희이 선생이 특별히 세상에 수공의 비결을 전했다고 말하는데, 그 전했다는 것은 모두 거짓된 기록이다. 역易의 수괘隨卦 상전에 이르길 '군자가 그믐날을 맞아 들어가서 잔치하고 쉰다.'고 하였는데, 그믐날을 맞아 잔치하고 쉰다고 말한 것이 아니라, 입안식入宴息이라 말한 오묘한 뜻은 바로 '입入'자에 있으니 들어간다는 것은 즉 수공법睡功法에 든다는 것이다. 신神으로써 기혈에 드니 앉건 눕건 모두 수공睡功인데 또 하필이면 높은 돌을 베개 삼아 잠잔다고 했겠는가? 32자(진단의 칩룡법)를 읽어보면 마음이 활짝 열리며 큰 깨달음을 줄 것이다. 여동빈 옹께서 자비의 마음을 베푼 것(영칩룡법咏蟄龍法)은 잘못된 것을 바로 잡기 위한 마음에서다.
— 장삼봉이 종남산에서 발문을 쓰다[140]

장삼봉 생존 당시(A.D. 13세기경) 진단의 이름을 가탁한 수공 관련 자료는 모두가 위서僞書라고 규정하고 있습니다. 이러한 진단의 심식心息 위주의 수공사상은 다음 절에서 살펴볼 대강서파의 구결에서 자세하게 논의하기로 하겠습니다.

이상에서 살펴본 바와 같이 진단은 실천적 수련의 방법으로써 활용한 '수공'에서 전통적인 도교 내단적 수련방식인 복기와 벽곡, 태식호흡을 성명쌍수의 수련법으로 채용하고 있을 뿐만 아니라 『관공편』에서 수련의 최고단계로 설정한 '불공不空'과 「무극도」의 '연신환허 복귀무극' 단계인 진선을 구현한 것으로 그의 유선시에 상징적으로 표현하고 있어 그 시사하는 바가 크다고 할 수 있습니다. 여기에 도교 내단수련가들에게 팔선八仙 중의 한 사람으로 추앙받고 있는 여동빈이 진단의 수공법을 칭송하며 지은 『영칩룡법咏蟄龍法』을 음미해 본다면 그 감흥이 범상치만은 않을 겁니다.

> 종남산에 은거하며 온갖 시름 비워내고,
> 수선睡仙은 흰 구름 속에서 오래오래 잠을 자더라.
> 잠 속 꿈에서도 혼은 은밀히 현빈지문으로 들어가고,
> 호흡도 잠기운 채 조화의 공력을 베풀더라.
> 현묘한 비결이 혼돈 속에 감추어진 것을 누가 알랴.
> 도인은 먼저 바보와 귀머거리 되는 것을 배워야 하네.

---

140) 『蟄龍法跋』: "或言希夷先生別有睡訣傳世, 其所傳皆僞書也. 《隨》之《象詞》曰: '君子以嚮晦入宴息', 夫不曰嚮晦宴息, 而曰入宴息者, 其妙處正在'入'字, 入即睡法也. 以神入氣穴, 坐臥皆有睡功, 又何必高枕石頭眠哉? 讀三十二字, 盖使人豁然大悟. 呂翁表而出之, 其慈悲之心, 即糾謬之心也. 張全一跋, 时寓終南山."

화산처사(진단陳搏)가 잠자는 법을 남겼으니

이제 그 법을 제창하고 밝혀서 뭇 사람들을 일깨워야겠네.[141]

대강서파大江西派의 수공睡功 구결口訣

이러한 희이 진단의 수공법은 도교 수련 전수 특징 중의 하나인 구결로써 근대까지 은밀하게 전수되어 온 것으로 생각됩니다. 그러다 진단을 수공법의 조종祖宗으로 삼은 대강서파 제4대 정종전인正宗傳人인 서해인徐海印이 편찬한 『천락집天樂集』이 세상에 나오면서 보다 구체적인 공법이 밝혀지고 있습니다. 따라서 본 절에서 논의할 수공법의 이론적 배경은 서파의 『천락집』을 중심으로 하고, 보다 세부적인 설명이 필요한 부분은 역대 내단수련가들의 저작을 통해 보충하고자 합니다.

서파에서 주장하고 있는 수공법의 총결적인 요지는 '심식상의心息相依, 대정진공大定眞空'에 있습니다. 즉, 마음(심心)과 호흡(식息)을 서로 의탁하여 대정大定의 진공眞空에 이르는 데 있습니다. 여기서 대정大定이란 심식상의心息相依를 통해 외호흡을 단절하고 신神과 기氣가 합일하여 입정入定에 든 것을 말합니다. 입정상태가 오래 지속되면 심신이 적연부동하여 무위로써 임하면 선천진양이 온몸에 흘러

---

141) 『呂祖全書』: "高臥終南萬慮空, 睡仙長臥白雲中. 夢魂暗入陰陽竅, 呼吸潛施造化功. 眞訣誰知藏混沌, 道人先要學痴聾. 華山處士留眠法, 今與倡明醒衆公."

든다는 게 서파의 수공법 요지라 할 수 있습니다. 이는 곧 「무극도」의 최종수련 단계인 '연신환허, 복귀무극'을 위한 초석이며, 곧 '심식상의, 대정진공'의 효험이라 할 수 있습니다.

이를 보다 세부적인 구결로 구분하면 제1 구결은 '심식상의心息相依, 신정허공神定虛空', 제2 구결은 '심식상망心息相忘, 신기합일神氣合一', 제3 구결은 '홀연이수恍然而睡, 대정전주大定前奏'로 단계 지을 수 있습니다. 이러한 구결은 『천락집』 곳곳에 산견散見 적으로 설명돼 있는데, 중국 성극기盛克琦의 논문 「서파단법수공탐요西派丹法睡功探要」에 잘 요약되어 있어 몇몇 부분은 그대로 인용하기도 하였습니다.

① 심식상의心息相依, 신정허공神定虛空

먼저 몸을 편안하게 방송放鬆하고서 침상 위에 고요히 누워 자신의 생각과 의식을 신외허공身外虛空 중에 집중하여 그곳을 지키게 합니다. 여기서 신외허공은 곧 콧구멍 밖 방원 1촌 부위를 말하는데, 이곳은 상승단법 수련의 '현관일규玄關一竅' 혹은 '현빈지문玄牝之門'으로 지칭할 수 있습니다. 의식은 안으로 신외허공의 텅 빈 영역을 지키고 눈은 안으로 신외허공 중에서 오가는 호흡의 기를 관조하고, 귀는 안으로 신외허공 중으로 드나드는 미세한 호흡의 소리를 듣습니다. 즉 의수意守·목조目照·이청耳聽을 삼위일체가 되게 하여 마음과 함께 아울러야 합니다. 신외허공 중으로 드나드는 호흡을 식息이라 합니다. 마음이 호흡과 서로 의지하며 함께 아울러 한시도 끈기지 않고 이어가는 것을 심식상의心息相依라고 합니다. 콧구멍 밖 허공의 방원은 신체에 속하지 않는 허령한 일규인데 마음을 이곳에 그윽이 합일하는 것, 이것을 신정허공神定虛空이라 합니다. 수련의 목적은 신정허공이며 심식상의는 수단일 뿐이죠. 심신心神이 잠시라도 허공을 떠나면 잡념이 밀려오는데, 이때는 심식상의를 활용하여 마음을 굴복시켜 '원신진의元神眞意'를 다시 돌아오게 해야 합니다. 심신心神이 계속해서 신외허공身外虛空을 떠나지 않도록 고요히 지켜나가는 것이 심식상의의 요점입니다.

서파에서는 심식상의를 통해 코앞 방원 1촌 부위, 즉 현빈의 문으로 설정한 신외허공을 주도면밀하게 관하는데, 이때 의식과 눈, 그리고 귀를 통해 호흡의 기氣와 소리를 관조하라는 겁니다. 이러한 수단은 마음의 텅 빔을 이루어 고요함을 지키면서 식신識神이 아닌 원신元神을 일깨우기 위한 것으로 생각됩니다. 앞서 살펴보았지만 서파에서 주장하고 있는 허령일규, 즉 현빈은 진단이 제시한 하단전과는 사뭇 다름을 볼 수 있습니다. 이러한 현상은 도교 내단학 이론이 후대로 올수록 차원을 높이고 다양화하여가는 과정에서 발생한 것으로 보입니다.

서파 수공법 구결의 핵심 전수자인 장삼봉은 『도언천근道言淺近』에서 호흡의 중요성에 대해 강조하기를 "조식법調息法이란 후천호흡으로써 진인의 호흡처를 찾는 것이다. 고서에서 말하기를 '후천호흡을 미미하게 일으켜 진인이 하는 호흡의 공효를 끌어들여야 한다.'고 했습니다. 그런 즉 후천호흡이 잘 조절되어야 비로소 선천호흡을 일으켜 조절할 수 있으니, 오직 텅 빔을 이루어 고요함을 지킬 뿐이죠. 이러한 관점에서 공력이 진척되면 축기가 더욱 공고해져 백일까지 갈 필요가 없게 된다."[142]고 후천호흡과 선천호흡의 관계에 대해 말하고 있습니다. 즉 처음에는 의념을 통해 호흡을 하지만, 이는 텅 빔을 이루고 고요함을 지키는 무위無爲의 태식호흡을 이끌어내기 위한 방편일 뿐이라는 것이죠.

서파를 창립한 이함허李涵虛는 『도규담道竅談』에서 "신神을 모으는 사이에는 힘써 호흡과 서로 의지하되, 신神으로써 호흡을 쫓지 말며 신神으로써 호흡을 운용하지 말아야 한다. 호흡을 쫓게 되면 신神이 흩어지고, 호흡을 운용하려 하면 신神이 요동친다. 다만 호흡의 요동을 없애려면 천연스럽게 임하고 자연스러움을 따라야 그 신神이 더욱 깨어 모아지는 것이다."[143] 또한 말하기를 "신神이 허공에 머물게 하려면 내밀하게 호흡해야 비로소 머무는 것이다. 그래서 호흡은 신神을 연모해서 머물고, 신神은 호흡에 의지해서 머무는 것이다. 신神과 호흡이 나란히 화평해지면, 있는 듯 없는 듯하여 신이 호흡인지 호흡이 신인지도 모르게 되는 것"[144]이라고 신과 호흡에 대해 말하고

---

142) 『道言淺近』: "調息須以後天呼吸, 尋眞人呼吸之處. 古云: '後天呼吸起微風, 引起真人呼吸功'. 然調後天呼吸, 須任他自調, 方能調起先天呼吸, 我惟致虛守靜而已. 照此進功, 築基可蹻足而至, 不必百日也."

143) 『道竅談』: "凝神之際, 務要與息相依, 毋以神逐于息, 毋以神運息. 逐息則神散, 運息則神搖. 只要息息動蕩, 任其天然, 隨其自然, 斯其神愈覺凝然."

있습니다.

　바로 심식상의心息相依에 대한 설명입니다. 여기서 신神은 곧 심心을 의미하고 있다고 보입니다. 따라서 수련 시작 초기에는 의념을 활용한 수식관 등을 통해 유위법을 동원하지만 심식합일心息合一이 이루어지면 의념을 거두어들여 자연스럽게 무위법으로 전환해야 한다는 주장입니다. 이러한 일련의 수련단계는 곧 신神이 신외허공에 머물게 하려는데 있습니다. 이는 입정入定에 들어 텅 빔을 이루고 고요함을 지키려는데 그 목적이 있다고 볼 수 있습니다. 그는 또한 『도규담道竅談』에서 "마음이 고요하다는 것은 호흡 또한 조절하기가 쉽다는 것이다. 마음의 동요가 더욱 작아지면 호흡도 더욱 미묘해진다. 호흡이 조절되면 신이 돌아오고 이에 다시 그 신은 안정되어 기혈 중에 응결되는 것이다."[145]라며 마음과 호흡의 상호 연관성을 말하고 있습니다.

　또한 서파의 3대 전인인 체진산인體眞山人 왕동정汪東亭은 "처음에는 반드시 미미한 호흡의 들고남이 바깥 허공 가운데서 용이 유영하듯 회오리처 오르는 것을 알아차려야 한다. 그리고 잠시 후에는 의념을 놓아 자연스러움을 따라야 한다. 만약 잡념이 생겨나면 다시 심식상의를 한 후 다시 의념을 놓으면 저절로 마음이 고요하여 충화의

---

144) 『道竅談』: "盖其存神于虛, 則内息方有. 所以, 息戀神而住, 神依息而留. 神息兩平, 若存若亡, 不知神之爲息, 息之爲神也."

145) 『道竅談』: "心之靜者, 息亦易調. 心愈細, 而息愈微也. 息調則神歸, 于是而再安其神, 凝于氣穴之中."

효험을 얻게 된다. 마음을 놓을 줄 모르고 번번이 마음으로써 호흡을 쫓게 되면 수련의 공효가 무너지게 된다."[146]며 심식상의의 의념법과 함께 무위법을 강조하고 있습니다.

이상에서 살펴본 것처럼 수공법의 첫 번째 단계에서는 확고한 의념意念을 통해 마음과 호흡을 서로 의탁하는데, 이때 코앞의 신외허공을 주시하면서 입정의 단계에 들어설 무렵에는 의념을 놓고 무위자연법을 취해 마음과 호흡을 통해 고요함을 지켜나가야 합니다.

② 심식상망心息相忘, 심기합일神氣合一

선천의 대도大道는 신神과 기氣를 하나로 합하는 것입니다. 신神은 그림자가 없고 기氣는 형체가 없습니다. 그러므로 신神은 볼 수는 없지만 마음에 기탁하고, 기氣는 붙들어둘 수는 없지만 호흡에서 구하는 것입니다. 신과 기는 마음과 호흡 안에 깃들어 있으며, 마음과 호흡은 신과 기가 머무는 곳입니다. 신과 기를 합일하려면 반드시 심식상의를 먼저 해야 합니다. 마음과 호흡은 단경丹經에서 '용호龍虎'로 비유하고는 하는데, "용龍은 정情에 사로잡히고 호랑이는 성질이 흉폭하다."고 말하고 있는 것은 마음과 호흡이 조급하여 편안치 못함을 비유한 것이죠. 이른바 '항룡복호降龍伏虎'라는 것은 마음과 호

---

146) 『体真山人丹訣語錄』: "起初须知微息之出入, 在外面虚空中悠揚宛轉如游龍. 片刻之後, 即可放下(心念), 順其自然. 若有雜念來, 再心息相依, 之後再把心放下, 自然心靜而得冲和之效. 不知放下(心念), 便往往做成以心逐息, 則壞矣."

흡을 항복시키는 것이며 그 공법의 비결은 심식상의를 벗어나지 않습니다. 또한 '구룡취호驅龍就虎'라는 것은 마음으로써 호흡과 서로 의탁해 가는 것입니다. 호랑이(호흡)는 무정無情하고, 용(마음)은 유의有意하다는 것은 반드시 유의적인 마음을 주동적으로 활용하여 호흡과 서로 묘합妙合해야 비로소 합법이 이루어진다는 것을 의미합니다.

마음으로써 호흡을 조절하고 호흡으로써 마음을 견제한다는 것은 마음과 호흡이 '신외허공' 가운데서 상호 견제하고 서로 의탁하는 것을 말합니다. 마음은 호흡조절로 인해서 점차 고요해지고, 호흡은 마음의 고요로 인해 점점 화평해집니다. 대개 사려思慮만을 항복 시켜 마음이 평화롭고 기氣가 안정되어서는 오히려 '신기합일神氣合一'에 도달할 수 없습니다. 유위적인 '심식상의心息相依'로가 아닌, 유위의 의식을 내려놓고 다시는 주동적인 조동粗動으로서가 아닌 자연스러운 호흡에 맡겨 자연스럽게 개합하여야 비로소 '심식상망心息相忘'에 이를 수 있습니다. 그런 다음에는 마음과 호흡을 바르게 하는 것도 잊어버리고, 마음과 호흡의 존재도 알지 못하며 오직 신외허공에 융합하여 신심身心이 허공과 합일하게 하는 것입니다. 혼돈과 같은 완전한 잊어버림 속에서 자유롭고 구애받지 않아야 마음과 호흡이 비로소 진정한 상의를 이루어 신神이 기氣 속으로 들어가고, 기氣가 신神의 외곽에서 감싸 안아 신과 기가 비로소 서로 융합하여 하나가 되는 것입니다.

'심식상망心息相忘'은 여전히 '심식상의心息相依'에 해당하지만 심식상의가 유위법이라면 심식상망은 무위법에 속할 뿐입니다. 다만 '심식상망'은 마음과 호흡이 비로소 진정한 상의를 하여 신과 기가 하나가 되는 것이죠. 그래서 '심식상망'은 '심식상의'의 심층 단계로서 아주 중요한 연결고리이며, '수향睡鄕' 및 '대정진공大定眞호'으로의 진입 여부를 가늠하는 관건이 되는 것입니다. 또한 '진양眞陽과 단약丹藥을 생산하고, 약藥을 달이고 단丹을 단련'하는 비기秘機인 것입니다. 여러 해 동안 정공 수련을 한 사람들이 여전히 '양생약산陽生藥産'을 할 수 없는 것은 모두 이러한 이치를 맛보지 못하였기 때문입니다.

제2 구결은 제1 구결의 심식상의를 통해 신정허공에 다다르면, 곧바로 심식상망의 단계로 진입하여 신기를 합일하는 것입니다. 이때는 마음과 호흡의 존재마저도 모두 잊어버리고 오직 자연스럽게 무위법으로 나아가야 합니다. 그렇게 했을 때 상단전인 니환궁의 성태에서 자랄 진종자眞種子인 진양眞陽의 영아嬰兒가 자리를 잡고서 점차 자라게 되는 것입니다. 이 영아가 자라는 데는 텅 빈 마음과 함께 고요함이 극에 달하는 정定의 상태가 필요합니다.

그래서 장백단은 『청화비문靑華秘文』에서 "나는 본디 다른 술책은 없고 마음을 정定하게 할 수 있을 뿐이다." 또한 "고요해질 수 있으면 금단金丹은 앉아서도 이룰 수 있는 것"[147]이라며 일념도 일어나지 않는 마음의 고요가 곧 정定에 이르는 길이며, 항상 정定할 수만 있다면 금단은 어렵지 않게 이룰 수 있다는 것이죠. 이러한 정定을 이루는 방법은 바로 심식상망心息相忘에 있는 것입니다.

---

147) 『靑華秘文』: "吾本無他術, 爲能定心故." 又云: "能靜則金丹可坐而致也."

백옥섬은 『현관현비론玄關顯秘論』에서 "형체를 잊음으로써 기를 기르고, 기를 잊음으로써 신을 기르며, 신을 잊음으로써 허를 기른다. 다만 이 '망忘' 자로 이러한 이치를 맛볼 수 있다면, '망忘'이라는 한 글자의 공부로 대도의 깊고 은미함에 들 수 있고, 대자연의 묘용을 탈취할 수 있으며, 경각에 단의 기반을 세우고, 한 몸에 조화를 운용할 수 있게 된다."[148]며 망忘의 중요성을 강조하고 있습니다.

장삼봉 역시 망忘이 곧 신기합일神氣合一의 중요한 관건이라며 『도언천근道言淺近』에서 "허공은 마음을 갈무리하는 곳이며, 혼묵昏默은 호흡과 신의 고향인데, 번갈아 가며 두 차례에 걸쳐 맑게 하고 또 맑게 하면 홀연히 신神과 식息이 서로를 잊으면서 신기가 융합하여 알아차릴 사이도 없이 홀연히 진양眞陽이 생하여 마치 술에 취한 사람 같아진다."[149]라고 말하면서 마음과 호흡의 화평과 함께 상호 잊어버릴 것을 강조하고 있습니다.

왕동정은 "심식상의 공부가 깊어지면 반드시 심식상망으로 진입하여야 비로소 입정入定에 들 수 있다. 혹여 심식상망을 할 수 없다면 입정에 들 수 없다. 그러므로 이 '망忘' 자가 가장 중요하다. 잠에 드는 것이 곧 심식상의의 최초의 효험이지만, 진실로 마음과 호흡이 서로 잊을 수 없다면 잠에 들 수도 없다. 잠에 들 수도 없는데, 하물며

---

148) 『玄關顯秘論』: "忘形以養氣, 忘氣以養神, 忘神以養虛. 只此忘之一字, 如能味此理, 就于忘之一字上做工夫, 可入大道之淵微, 奪自然之妙用, 立丹基于頃刻, 運造化于一身也."

149) 『道言淺近』: "以虛空爲藏心之所, 以昏默爲息神之鄕, 番兩次, 澄之又澄, 忽然神息相忘, 神氣融合, 不覺恍然陽生, 而人如醉矣."

입정入定에는 들 수 있겠는가?"[150]라며 처음 심식상의로 시작하여 보다 깊어지면 심식상망을 통해 신기가 합일하는 입정入定에 들 수 있다고 강조하고 있습니다.

③ 황연이수恍然而睡, 대정전주大定前奏

정定의 경계는 혼돈의 상태이며, 수향睡鄕은 생각이나 염려念慮가 없는 상태입니다. 잠과 정定의 상태는 아주 비슷한 상태로 진행됩니다. 그렇기 때문에 잠은 정定과 서로 같다고 말하는 것이죠. 그래서 수면은 정定의 이전반응으로 수공법은 정定과 떨어져서는 성립될 수 없습니다. 심식상의心息相依가 깊어지면 반드시 심식상망心息相忘으로 바뀌는데, 완전한 잊음의 상태로 진행되면 부지불식간에 혼돈과 같은 황홀함 속에서 자연스럽게 잠에 빠져들게 됩니다. 수공법의 진행 과정 중 잠은 심식상망에 도달했을 때 나타나는데, 짧은 시간에 깊은 수면 속으로 빠지는 것이 보편적으로 나타나는 심식상망의 징험입니다. 만약 보다 신속하게 잠에 빠져들 수 있다면 '정定'의 경계가 멀리 있지 않다는 겁니다. 그러므로 '이 심식상의의 법문은 예나 지금이나 수련의 참 공법이며, 가장 손쉽고도 가장 효과적인 미묘한 법문이어서 쇠로 된 신발을 신고 닳도록 찾아 돌아다녀도 찾을 곳이 없으며,

---

150) 『体真山人丹訣語錄』: "心息相依之功夫純熟, 必轉入心息相忘, 方能入定. 倘不能心息相忘, 即不能入定, 故此忘字最重要. 入睡乃相依最初效驗, 但苟心息不能兩忘, 即不能入睡. 睡尚不能, 況定乎?"

만 냥의 황금을 주고도 살 곳이 없는 수진비결'이라고 하는 것입니다.

보편적으로 보았을 때, 몸을 충분히 이완하고 자리에 반듯하게 누워(앙와仰臥) 심식상의에 들어가면 빠를 경우 열 번의 호흡을 넘기지 못하고 잠 속으로 빨려 들어가는 게 일반적인 특징입니다. 심식상의와 심식상망을 통해 홀연히 잠 속에 빠져드는 것은 곧 입정入定의 상태와 같다는 게 서파의 주장입니다.

처음 심식상의를 할 때는 잊지도 말고 너무 힘쓰지도 않으면서 끊이지 않고 계속하여 지속시키면 마침내 마음과 호흡 모두를 잊고서 자연스럽게 잠에 빠져들 수 있습니다. 잠에서 깨어나면 온몸의 뼈가 조화롭게 되고 기혈이 융화되어 정신이 맑아지는데 그 묘함을 형용하기가 어렵습니다. 공부가 점차 진척되면 자연스럽게 잠으로부터 입정入定으로 전환되기 시작하는데, 잠은 곧 정定의 시작점이 되며 정定은 곧 잠 속에서 생기는 것입니다. 처음 배울 때는 거의 모든 수련 시간이 잠에 빠져 정定이 없는 것 같지만 지속하여 수련하게 되면 정定만 있고 잠은 없는 것 같은 느낌이 들기도 합니다. 그러나 결국에는 정定이 곧 잠이고, 잠이 곧 정定이 되어 잠과 정에 구별이 없어지게 됩니다. 그러므로 심식상의에 이은 심식상망을 통해 수면을 취하면 효험이 나타나는데, 자연스럽고 신속하게 잠에 들 수 있으면 더욱 묘한 징험이 있게 됩니다. 참선을 하는 사람은 오직 잠에 빠질까 염려하는데, 심식상의를 하는 사람은 오직 잠들지 않을까 걱정입니다. 수공에 수승한 자는 잠에 들어도 잠에 빠진 것이 아니며, 잠들지 않아도 잠에 든 것이니 계속하여 수련하면 더욱 그 공효가 높아질 것입니다.

이러한 수공의 효과는 비교적 짧은 시간에 온몸의 조율은 물론 기혈의 흐름이 원활해져 정신도 맑고 상쾌해지는 특징을 보이게 됩니다.

이상에서 살펴본 대강서파의 수공법 요지는 '마음'과 '호흡'의 합일에 있음을 볼 수 있습니다. 이는 진단의 수공요결이 담긴『칩룡법蟄龍法』의 요점을 잘 해석하고 있다고 보입니다. 즉 "용龍(마음)이 원해元海로 돌아가니 양陽이 음陰에 잠기네. 사람들은 용龍(마음)이 숨는다고 말하지만, 나는 오히려 마음을 감춘다고 하네. 묵묵히 그 쓰임을 갈무리하고, 호흡은 더욱 깊고 은미하게 하네."[151]에 은유 되어 있는 진단 수공법의 핵심인 '마음'과 '호흡'의 운용법을 잘 계승하고 있다고 생각됩니다. 따라서 대강서파의 수공법 요지인 '심식상의心息相依, 대정진공大定眞空'에는 진단 내단론의 주요한 대상이기도 한 '심법心法'과 '관공觀空' 사상을 계승·발전시키고 있음을 볼 수 있습니다.

『역세진선체도통감歷世眞仙體道通鑑』의 저자 조도일이「진단전」의 저술 후기에 "『도덕경』의 세상 사람들은 밝고 밝은데 나 혼자만 혼미하고, 세상 사람들은 모두 똑똑한데 나 홀로 맹맹하구나."라는 구절을 인용하며, "어찌 진단 수공법의 함의가 아니겠는가?"[152]라고 했었는데, 진단 내단사상의 핵심이 바로 수공법에 있음을 말하려 한 것으로 보입니다.

---

151)『蟄龍法』: "龍歸元海, 陽潛于陰. 人曰蟄龍, 我却蟄心. 黙藏其用, 息之深深."
152)『歷世眞仙體道通鑑』: "『道德經』曰 : 俗人昭昭, 我獨昏昏. 俗人察察, 我獨悶悶. 豈非陳摶睡之義乎."

제5장

나가는
말

A.D. 10세기 전후 중국은 당말·오대의 정치 사회적 혼란기를 거쳐 북송에 이르러서야 어느 정도 안정기에 접어들었습니다. 이러한 사회적 현상은 종교철학에서도 유불도 삼교 회통과 같은 융합의 길을 모색하는 계기가 되었다고 볼 수 있습니다. 따라서 유교의 성인聖人과 불교의 깨달음(불佛), 도교의 신선神仙을 수양 목표로 삼은 종교 간에 있어서도 그 방법론적인 회통을 추구하게 되었습니다.

　그 결과 도가·도교 계열의 신선과 장생불사를 위해 다양한 수련 방법을 동원했던 수련가들은 개인은 물론 사회적으로도 많은 폐해를 일으켰던 외단外丹적인 수양방법을 지양하고 내단內丹이라는 방법론을 구축하게 됩니다. 이러한 수련의 내단화는 새롭게 창안된 것이 아니라 전통적인 수련법 중 내단화 경향을 띤 방법론을 다시 집대성하거나 유교와 불교의 심성적 요소를 융합하여 더욱더 내단 적 성향을 강화시켰다고 볼 수 있습니다. 이러한 단초를 마련한 것이 종리권·여동빈으로 대표되는 종려학파라면 그 기초를 확고히 다진 것은 진단을 위시한 진단학파라 할 수 있습니다.

최근 도교 내단사에 있어 중요 인물로 인식된 진단이 처음부터 도교 내단수련가의 길을 걸은 것은 아니었습니다. 그는 장흥(A.D. 930~933) 연간 진사시험에 응시하기 전까지는 유교 경전 공부에 전념하다 벼슬길에 나가는 것을 접고 손군방孫君仿과 장피처사麞皮處士의 권유에 따라 무당산에 은거하며 도교 전통의 복기服氣와 벽곡辟穀 수련을 하였습니다. 그 기간 하창일로부터는 수공법의 일종인 쇄비술鎖鼻術을 전수 받아 수공 수련에서도 깊은 경지에 올랐던 것으로 파악됩니다. 그는 송 태조 조광윤이 혼란을 종식하며 나라를 안정시키자 화산으로 은거지를 옮기며 도사가 되었습니다.

그는 마의도자에게 『정역심법正易心法』을 받아 주석을 가하며 복희씨가 역도易道를 정립할 당시의 무궁묘의無窮妙意가 담긴 '선천역학先天易學'을 회복하기 위해서는 문자가 아닌 오직 '심법心法'을 통해서만이 가능하다는 관점을 제기하며, 우주생성론 관점의 「역용도」와 선천 4도인 「복희팔괘차서도」, 「복희육사괘차서도」, 「복희팔괘방위도」, 「복희육사괘방위도」를 세상에 내놓으며 도서학파圖書學派를 창안하여 송대의 이학理學 형성에 지대한 영향을 미친 것으로 평가되고 있습니다. 역도易道를 간명하게 역도易圖로써 나타낸 그의 역학적 의도는 본 글의 핵심 논의 대상인 「무극도」 제작을 위한 기본 틀이라 할 수 있습니다. 그의 이러한 역학적 지식은 그가 본질적으로 추구했던 우주론적 생명관에 바탕을 둔 창조원리를 내단수련의 종합도라 할 수 있는 「무극도」에 귀결시키고 있다고 볼 수 있습니다.

진단은 도교 전통 내단적 수련법의 논리성 확보 및 이론적 심화를 위해 유불도 융합을 시도하였습니다. 그래서 『중용中庸』의 핵심이 되어 온 '성性'과 '성誠'을 심학心學적 수련론으로 수용하였지만, 유교와는 그 관점을 달리하고 있습니다. 유교에서 수용하고 있는 '성性'과 '성誠'은 입신양명을 위한 세간적인 수양의 성향이 강하지만, 진단이 수용하고 있는 '성性'과 '성誠'은 출세간의 입장에서 자신의 완성을 위한 내단적인 요소로서뿐만 아니라 철학적 범주의 확장을 위해 재해석하고 있다는 점이 다릅니다.

『중용』의 부활을 위해 '복성론復性論'을 주장한 이고가 『중용』의 '성性'을 선천적인 성성과 후천적인 정情이라는 이분법적인 요소로 분별하며 그 논지를 전개하였데, 진단은 '성정性情'의 상위개념으로 '마음(심心)'을 설정하고 하위개념으로는 '의식意識'을 배치하여 '의식意識 – 성정性情 – 심心'이라는 철학적 개념을 확립하였습니다.

불교에서는 '선종의 공空'과 '천태종의 관觀'개념을 수용하여 『관공편觀空篇』이라는 저술을 통해 완공頑空(지우至愚) – 성공性空(단견斷見) – 법공法空(득도得道) – 진공眞空(신선神仙) – 불공不空(진선眞仙)과 같이 유불도 사상이 융합된 다섯 단계의 수련론을 설정하였습니다. 그는 또한 다른 저작을 통해서도 당 초의 중현학적 특징인 '유무를 초월한 중도론적 공사상空思想'을 수용하면서 불교 최고의 수련논리인 '유심시법唯心是法'이라는 심법心法과 '선정과 지혜'라는 지관법止觀法을 융합하여 내단수련론의 논리를 더욱 폭넓게 전개하였습니다.

진단은 오공설五空說을 수용하여 「무극도」와 같은 다섯 층차의 수련단계를 설정하고 있습니다. 그러면서도 누구나 자신의 내면적 근기에 따라 해당 층차를 자신의 수련단계로 수용, 단계를 높여가며 누구나 진선眞仙이 될 수 있다는 평등적 논리를 펼치고 있습니다. 그가 제시한 오공에서 최고단계로 설정한 '불공不空'은 '공空하면서도 공하지만은 않은 것'으로 '텅 빈 충만'과도 같은 진공묘유의 실상을 제시한 것입니다. 이는 「무극도」에서 최고 단계로 설정한 무극無極, 즉 '형체도 없고 형상도 없는 최고 실체로서 도道'인 무극과 그 맥이 닿아 있다고 봅니다. 그는 격의불교格義佛敎에서 '공空'을 노자의 '무無'로 설명한 것을 뛰어넘어 우주 본체로서의 '무극無極'과 '불공不空'을 새로운 철학적 범주로 제시하였습니다.

이와 같이 불교사상의 수용과 함께 도교 내단학을 보다 높은 차원으로 제고한 진단의 논리 전개는 유교와 불교는 물론 기존 도교의 사상체계를 뛰어넘어 자신만의 철학적 사유체계를 확립한 것으로 평가할 수 있습니다. 그가 마음속 깊이 '진선이 아니면 황제가 되리라(비선이즉제非仙而卽帝)'고 자임했던 야심만만한 의도를 학문적으로 승화한 것으로 여겨집니다. 즉 도가와 도교의 신선론에서 보다 차원을 높여 진선眞仙의 단계를 설정한 것이나, 불교의 '공空' 사상을 수용하면서도 차원을 높이고 그 경계를 다섯 차원으로 세분하여 내단 논리와 융합한 것은 다른 도교 학자에게서는 볼 수 없는 특징이기도 합니다.

이러한 유불도의 융합적 시도는 그의 주요한 저작에 잘 드러나 있는데, 보다 중요한 것은 그가 삼교 융합적 경향을 보이면서도 일관되게 도교 내단학의 논지를 강화하는 데 초점을 맞추고 있다는 사실입니다. 이러한 학문적 회통 의도는 그의 사상이 종합적으로 함축된 「무극도」 제작을 위한 것으로 파악됩니다.

진단은 「무극도」 제작을 위해 도가사상의 시원이 된 노자의 『도덕경』과 위백양의 『주역참동계』 그리고 자신의 저작인 「역용도」와 「선천사도」에서 도형의 기본적인 틀을 잡고서 『정역심법주』, 『관공편』, 『진희이태식결』, 『음진군환단가결주』, 『칩용법』 등에 그 논거를 정리하고 있습니다. 그러면서도 단순한 도형과 함께 '득규(현빈지문)·연기(연정화기와 연기화신)·화합(오기조원)·채약(취감전리)·탈태(연신환허·복귀무극)'라는 용어만을 병기한 채, 아무런 해설을 부기하지 않았던 것은 『정역심법주』에서 선종의 '불립문자'적 수행론을 수용하며 '오직 심법心法을 통한 접근'을 강조한 것이라 할 수 있습니다.

「무극도」의 첫 번째인 득규得竅 단계는 현빈지문玄牝之門인데, 어린아이와 같은 순진무구한 마음과 몸으로 현빈일규, 즉 처음 생명이 깃든 문(생신수명지처生身受命之處)을 찾는 수련법입니다. 현빈의 문은 내단수련의 첫 단계이지만 「무극도」 최고단계인 무극으로 환원할 수 있는 중요한 관문이라 할 수 있으며, 진단은 수화이기가 교회하는 하단전으로 상정하고 있습니다.

두 번째는 연기煉己의 단계로 연정화기와 연기화신인데, 우리 인체의 하·중·상단전에 깃든 '정·기·신' 중에서 먼저 정을 단련하여 기와 융합시키는 연정화기로 간단히 3(정·기·신) → 2(기·신)의 단계로 표현할 수 있으며, 이렇게 융합된 기를 다시 신과 합일시키는 연기화신 역시 2(기·신) → 1(신)로 표현할 수 있습니다. 임독맥을 활용한 연정화기는 소주천小周天을, 그리고 연기화신은 대주천大周天을 의미하고 있는 것으로 파악되고 있습니다.

세 번째는 화합和合의 단계인 오기조원五氣朝元인데, 우리 인체의 구규와 사지를 통해 누설되기 쉬운 정精·신神·혼魂·백魄·의意를 오장에 단단히 갈무리하여 수화이기로 화합하게 한 다음, 상단전인 니환궁에 거주하는 본원에 알현케 하여 양신陽神이 자라나 성태聖胎를 맺게 하는 수렴법의 일종이라 할 수 있습니다.

네 번째는 채약採藥의 단계로 취감전리取坎塡離인데, 오기조원의 단계에서 화합된 성명性命적 의미를 함유한 수화이기를 상징하는 감리괘를 선천의 순음순양의 건곤괘로 다시 되돌리는 것, 즉 후천의 몸을 선천의 몸으로 다시 회귀 시켜 순양지체純陽之體를 이룬다는 의미로 이 단계는 곧 유위적 수련에서 무위적 수련법으로 전환하는 임계점이라 할 수 있습니다.

다섯 번째는 탈태脫胎의 단계로 연신환허·복귀무극인데, 화합 단계에서 이루어진 성태에서 선천일기의 양신陽神이 유포 단계를 거쳐 성숙한 다음 태胎를 벗어나 도와 합일하여 연신환허하고 복귀무극하는 탈태, 즉 양신출태를 통해 내단수련의 최종목표라 할 수 있는 진선眞仙을 이루는 단계입니다.

이를 요약하면 하단전으로 상정한 현빈지문에서 고요히 내관을 통해 득규를 한 다음, 하단전에서 정精을 단련하여 임독맥의 소주천을 통해 기氣와 합하고, 중단전에서 정精과 합일된 기氣를 단련하여 상단전의 신神과 합하여 신수神水를 이루는 연기煉己 과정을 이룹니다. 연기의 단계에서 얻어진 신수神水를 오장육부로 흐르게 하여 장부의 음신陰神을 제거하면 수화이기로 화합되어 상단전인 니환궁에 조원합니다. 이때 성명性命적 의미의 수화水火를 상징하는 감리괘의 중효를 선천으로 되돌려 순음순양의 건곤괘가 이루어지면 성태에서 영아의 양신이 자라나 양신출태陽神出胎하여 태허와 무극으로 다시 돌아가 진선을 이룬다는 것이죠.

이와 같이 「무극도」의 각 수련 단계에 활용되고 있는 수련법은 도교 내단학에서 매우 중요한 층차적 개념입니다. 진단은 이를 종합적인 견지에서 일목요연하게 정리하고 있을 뿐만 아니라 도형 전체에서 상징적으로 '심법心法'을 강조하고 있습니다. 또한 『관공편』과 「무극도」에서 제시하고 있는 '불공不空'과 '무극無極'은 우주 본체로서 인식한 형이상학적 철학개념으로 상정하였다고 볼 수 있습니다. 즉 '공空하면서도 공이 아닌 진공묘유眞空妙有로서의 공'과 '형체도 없고 형상도 없는 최고 실체로서 도가 곧 무극'이라는 관점을 제기하였는데, '불공'과 '무극'은 우주 본원으로서 용어만 다를 뿐 동일한 의미를 지녔다고 볼 수 있습니다.

특히 역학 사상에 바탕을 두어 유교권에서 태극을 우주의 본체로 인식했던 기존의 관념을 뛰어넘어 무극을 태극의 상위개념으로 설정,

기존 역학계는 물론 역수성선逆修成仙을 목표로 한 도교 내단학에 있어서도 무극을 최고의 철학 범주로 확립했다고 봅니다.

진단은 자신이 제시한 「무극도」 다섯 층차의 실천적 수련 방법으로써 심식心息을 위주로 한 '수공법'을 통해 성명쌍수를 하였는데, 이러한 수공법의 비의秘意는 진단 → 화룡진인 → 장삼봉 → 리함허 → 오천질 → 왕동정→ 서해인을 통해 전수되어 온 것으로 파악되고 있습니다. 특히 진단은 수공을 통해 자신이 수련의 최고 단계로 설정한 '불공'과 '연신환허·복귀무극' 단계에서 얻을 수 있는 진선을 구현한 것으로 그의 유선시 등에 상징적으로 표현하고 있듯, 실제로 탈태하여 복귀무극하였을 가능성이 높다고 추측할 수도 있을 것 같습니다. 따라서 대강서파에 전수되어오고 있는 수공법과 함께 「무극도」에 관한 보다 구체적이고 체계적인 연구가 뒤따른다면 내단학의 새로운 국면 전개에 도약적 요소가 될 것으로 전망되기도 합니다.

무극도
수면 명상법

도교 내단 이론을
함축한 도형과
잠자리에서 행할 수
있는 수행법

ⓒ 최상용

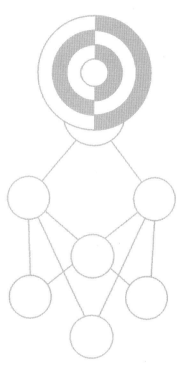

초판 1쇄 인쇄 2020년 12월 1일
초판 1쇄 발행 2020년 12월 14일

지은이 최상용
펴낸이 조동욱

펴낸곳 와이겔리
등록 제2003-000094호
주소 03057 서울시 종로구 계동2길 17-13(계동)
전화 (02) 744-8846
팩스 (02) 744-8847
이메일 aurmi@hanmail.net
블로그 http://ybooks.blog.me

ISBN 978-89-94140-41-4 93150